INDEPENDÊNCIAS

circulação de ideias e práticas políticas

Marcelo Cheche Galves
Juliana Gesuelli Meirelles
(Orgs.)

INDEPENDÊNCIAS

circulação de ideias e práticas políticas

Alameda

Independências 200 anos

SEO
SOCIEDADE BRASILEIRA DE ESTUDOS DO OITOCENTOS

Grafia atualizada segundo o Acordo Ortográfico da Língua Portuguesa de 1990, que entrou em vigor no Brasil em 2009.

Edição: Haroldo Ceravolo Sereza e Joana Monteleone
Projeto gráfico, diagramação: Maria Beatriz de Paula Machado
Capa; Amanda Martinez e Sá
Assistente acadêmica: Tamara Santos
Revisão: Joana Monteleone
Imagem da capa: H. Lalaisse, Reunião política em Pernambuco.

CIP-BRASIL. CATALOGAÇÃO NA PUBLICAÇÃO
SINDICATO NACIONAL DOS EDITORES DE LIVROS, RJ

I34

Independências : circulação de ideias e práticas políticas / organização Marcelo Cheche Galves, Juliana Gesuelli Meirelles. - 1. ed. - São Paulo : Alameda, 2022.
186 p. ; 21 cm. (Independências ; 2)

Inclui bibliografia e índice
ISBN 978-65-5966-120-6

1. Brasil - História - Independência, 1822. I. Galves, Marcelo Cheche. II. Meirelles, Juliana Gesuelli. III. Série..

22-79432 CDD: 981.04
CDU: 94(81).04

ALAMEDA CASA EDITORIAL
Rua 13 de Maio, 353 – Bela Vista
CEP 01327-000 – São Paulo, SP
Tel. (11) 3012-2403
www.alamedaeditorial.com.br

Sumário

Sobre a coleção

A Coleção *Brasil: Independências* é uma iniciativa conjunta entre a Sociedade Brasileira de Estudos do Oitocentos (SEO) e a Alameda Casa Editorial. A Direção Geral da Coleção tem a seguinte composição: Ítalo Domingos Santirocchi, Alexandre Mansur Barata, Karoline Carula, Joana Monteleone, Wellington Barbosa, Samuel Albuquerque, Lídia Rafaela dos Santos, Pérola Maria Goldfeder Borges de Castro e Mabia Aline Freitas Sousa.

Como parte das diferentes iniciativas que pretendem refletir sobre a Independência do Brasil na ocasião em que completa 200 anos, a Coleção *Brasil: Independências* reúne historiadores renomados com jovens pesquisadores, provenientes de instituições de diferentes partes do país.

A partir de uma perspectiva comum que enfatiza a diversidade e as diferenças (daí a opção por Independências no plural), os seis volumes foram organizados segundo eixos temáticos que permitirão aos leitores compreender o processo de ruptura com Portugal tendo em conta sua complexidade.

Como resultado temos os seguintes livros, com seus respectivos organizadores: 1. *A Independência do Brasil em perspectiva mundial*, João Paulo Garrido Pimenta e Ítalo Domingos Santirocchi; 2. *Independências circulação de ideias e práticas políticas*, Marcelo Cheche Galves e Juliana Gesuelli Meirelles; 3. *Independências em várias faces: protagonismos e projetos plurais na emancipação do Brasil*, Ana Sara Cortez Irffi e João Paulo Peixoto Costa; 4. *Independências, memória e fabricação das imagens*, Iara Lis Schiavinatto; 5. *A Independência vista de dentro: caminhos e jogos de escala entre o provincial e o local*, Magda Maria de Oliveira Ricci e Michelle Rose Menezes Barros de Queiroz; 6. *Guerras por toda parte: conflitos armados que impactaram as Independências do Brasil*, André Roberto de A. Machado e Sérgio Guerra Filho.

Das temáticas clássicas, tratadas sob novas perspectivas, até temas inéditos ou pouco explorados pela historiografia, a Independência do Brasil e seu contexto foram trabalhados a partir de diferentes escalas (mundial, provincial e local) e pautando-se em diversificadas bases teóricas e metodológicas.

Esperamos que essa coleção possa contribuir para instigar novas pesquisas sobre as Independências do Brasil. Boa leitura.

Apresentação: Agentes, palavras e ideias em circulação: disputas políticas em meio às Independências

Juliana Gesuelli Meirelles
Marcelo Cheche Galves

> A cada época os seus problemas, seus fantasmas e suas esperanças. [...] A quem se dispõe a resistir às patologias que encerram, as crises impõem paciente reflexão com base em obstinado trabalho investigativo, inescapáveis condições da elaboração teórica que possa – e somente ela permite intentá-lo – conferir pertinência às problematizações da matéria histórica que guarda o substrato do enigma brasileiro.
>
> *István Jancsó.*[1]

Independência, história e historiografia, coletânea organizada por István Jancsó, chegou ao mercado editorial em

1 JANCSÓ. *Independência, Independências*, p. 48.

2005, e consagrou-se ao longo dos últimos anos como referência obrigatória para um dos temas mais revisitados pela historiografia brasileira.[2]

Conquista tão significativa para a historiografia nacional, guarda em si, muitos méritos. Composto por um renovado conjunto de historiadores, o livro abria a senda para novas problematizações e objetos de estudo, presentes no debate historiográfico contemporâneo desde a década de 1990, com a emergência da nova história política e a confluência de diálogos possíveis com as abordagens propostas pela história cultural.[3] Em síntese, as reflexões ali situadas tinham em comum: 1) a recusa da preexistência do Estado e da Nação, com o afastamento de expressões como "manutenção da unidade", "restauração das províncias rebeldes", "separatismo do Norte"; 2) a recuperação da dinâmica política a partir das variáveis que afligiam os cidadãos que se movimentavam na nova cena pública, sem o peso de explicações estruturais, como aquelas pautadas na "truculência das Cortes", na "falência ibérica" e nas "novas necessidades do capital"; 3) a participação dos "homens do comum", que ganharam vida: anseios, vinganças e frustrações motivaram sua efetiva participação política, perspectiva muito diversa das "massas de manobra", por vezes denunciadas sob a falsa aparência de criticidade;

2 A obra em questão representa ponto de inflexão representativo de um conjunto de reflexões emergentes e, portanto, não majoritárias à época, e que balizaram os estudos sobre o tema nas últimas duas décadas.

3 Com a guinada da nova história política e cultural a partir da década de 1990, a história da cultura escrita emergiu como um campo privilegiado de estudos dentro da historiografia internacional, com inserção significativa da historiografia brasileira. Escrita, leitura, circulação de ideias, usos e conservação de documentos manuscritos e impressos são temáticas centrais deste debate. CONCEIÇÃO; MEIRELLES. *Notas sobre a História da cultura escrita no Império luso-brasileiro.*

4) por fim, a imersão no conjunto de documentos produzidos dentro e fora da esfera estatal: códices, caixas e latas passavam a conviver com jornais e folhetos, agora concebidos como componentes da cena pública, ou, segundo Robert Darnton[4] sobre a França revolucionária, como "ingrediente do acontecimento [...] que ajudou a dar forma aos eventos que registrava". Em outras palavras, o aprendizado da política se dava também em praça pública por diversos sujeitos, muitos deles até então invisibilizados na pesquisa histórica.

A centralidade dos estudos do processo da independência do Brasil, como sinalizou Jancsó, deve ser compreendida a partir da rigorosa investigação das especificidades americanas, que ressignificaram os "paradigmas peninsulares por força da sua condição colonial e escravista" e constituíram, ao longo de mais de três séculos, uma interface entre metrópole e colônia nada linear.[5] Para o autor, a multiplicidade de experiências acumuladas na prática de "dominações e de resistências a elas ou, naquilo que toma mais diferente à questão identitária" moldava "os artefatos políticos que permitiam reproduzir os mecanismos sociais do Antigo Regime em colônia, sabidamente *plural* ainda que *una*", considerando a arquitetura política estruturada em uma monarquia responsável pela harmonização das diferenças.[6]

Essas perspectivas, anunciadas na introdução e praticadas pelo conjunto de autores ao longo da obra[7], se manifestam de algum modo no livro que ora apresentamos, cujo eixo é circulação

4 DARNTON. *Introdução*, p. 15.

5 JANCSÓ. *Op. Cit.*, p. 22.

6 *Idem*, p. 24.

7 Dividida em cinco partes: Historiografia da Independência; Independência e abrangências imperiais; A independência nas partes do Brasil; Instrumentos da política; e Ideias e Interesses. *Idem*.

de ideias e práticas políticas no tempo das Independências, tema central deste segundo volume da coleção *Brasil: independências*.

Aqui, reunimos textos representativos não apenas das múltiplas possibilidades de abordagem abertas nas últimas décadas, como de uma contínua renovação historiográfica, captada também a partir dos novos pesquisadores e seus olhares inquietos. Seguindo as pistas já identificadas, o exercício de apreensão do todo foi praticado tendo como foco as partes: entre o Rio de Janeiro e Lisboa (Lúcia Bastos; Andréa Slemian e Renata Fernandes; Marieta Ferreira); entre Recife, Rio de Janeiro e Coimbra (Paulo Cadena); entre Lisboa e Salvador (Sérgio Guerra Filho); e entre o Rio de Janeiro e Recife (Paula Botafogo).

Em momento de constitucionalização da monarquia portuguesa, a percepção de que se vivia algo novo, própria de tempos revolucionários, transbordava nos registros dos coetâneos dos dois lados do Atlântico. Como observa Lúcia Bastos, havia a impressão de que subitamente se criara um espaço público de poder na América portuguesa, gradativamente ampliado e deslocado de ambientes privados em direção às ruas. Evidentemente, nem só de novidades vivia o tempo, caracterizado também por permanências vinculadas à tradição, que englobava velhas práticas políticas: das petições comuns ao Antigo Regime, agora redimensionadas (Andréa Slemian e Renata Fernandes), ao exercício da liberdade de imprensa, possibilitado pelas liberdades instituídas com a Revolução Liberal de 1820, e que trouxeram para a cena pública figuras como João Soares Lisboa (Paula Botafogo) ou Theodoro José Biancardi (Marieta Ferreira).

Nesses espaços públicos de representação política, palavras e ideias foram impressas ou proferidas, e abrangeram a vida de pessoas de estratos sociais distintos. Figuras como Pedro de

Araújo Lima (Paulo Cadena), futuro marquês de Olinda, são representativas dos realinhamentos de projetos de futuro, que estiveram no cerne da formação dos primeiros quadros da elite política do Império do Brasil, quase sempre formados por egressos da Universidade de Coimbra. As mudanças também afetaram os "homens do comum" de cidades como Salvador (Sérgio Guerra Filho), entre os quais, aqueles identificados politicamente como "portugueses" e que vivenciaram as disputas em espaços públicos mais ou menos distantes dos prelos, mas muito próximos dos efeitos que a publicização provocou naquele momento.

Não se trata aqui de separar palavras e ideias, agora impressas, do "mundo real", mas de pensar a pluralidade de cruzamentos e distâncias que compuseram a nova cena pública. Comerciante transformado em homem de letras, João Soares Lisboa (Paula Botafogo) morreu em 1824, em defesa da Confederação do Equador: aqui, a política foi experienciada em seu sentido mais dramático, a guerra. No cenário mais amplo outra guerra, "de penas" (Lúcia Bastos), e a intensificação das petições (Andréa Slemian e Renata Fernandes) tiveram desfechos variáveis. Ao longo do tempo, as petições conformariam novos sentidos: prática tão tradicional na velha ordem passaria a ser questionada em seu sentido lato, isto é, o diálogo junto ao poder pelo exercício da cidadania aparecia como *práxis* de primeira ordem. A emergência dessas experiências em meio à crise, pouco a pouco, consagrava à boca miúda um vocabulário político absolutamente atualizado, como demonstrou Lúcia Bastos.

Para os letrados integrantes de projetos vitoriosos, como Biancardi e Araújo Lima, as portas do Estado se abriram. Gradativamente, a nova ordem promoveu acomodações e expurgos, regulamentou a liberdade de expressão, nos moldes como fizera Portugal, e reprimiu a política das ruas. Sob controle, quase sempre, as ideias em circulação e os embates conformaram o estado imperial como o conhecemos.

Se há duzentos anos a multiplicidade de projetos políticos dava o tom da cena pública, redimensionando estratégias discursivas em meio a um mundo em que a imprensa já conquistara status de protagonista dos acontecimentos, os distintos tempos de reescrita sobre esse vivido impuseram novas questões. Em tempos de bicentenário da efeméride, também resultante da fixação de certa memória produtora de solidez e perenidade, esse livro espera produzir outros efeitos, próprios do tempo em que se insere, delineado por outros problemas, fantasmas e esperanças.

Referências bibliográficas

CONCEIÇÃO, Adriana Angelita da; MEIRELLES, Juliana Gesuelli. Notas sobre a História da cultura escrita no Império luso-brasileiro. In: PATRIOTA, Rosangela; RAMOS, Alcides Freire (org.). *História Cultural*: produção e circulação de conhecimento. São Paulo: Hucitec, 2017, p. 15-32.

DARNTON, Robert. Introdução. In: DARNTON, Robert; ROCHE, Daniel (org.). *Revolução impressa*: a imprensa na França (1775-1800). São Paulo: EDUSP, 1996, p. 15-17.

JANCSÓ, István. Independência, independências. In: JANCSÓ, István (org.). *Independência*: história e historiografia. São Paulo: Hucitec; Fapesp, 2005, p. 17-48.

Sobre os organizadores

Juliana Gesuelli Meirelles é professora da Pontifícia Universidade Católica de Campinas (PUC-CAMPINAS) desde 2014. Doutora em História pela Unicamp (2013). Estágio pós-doutoral pela USP (2019-2021). Tem experiência na área de História política e cultural em finais do período colonial na América portuguesa. Pesquisa majoritariamente os seguintes temas: história social da cultura escrita no mundo ibérico, imprensa e circulação de ideias políticas, espaços de sociabilidade (teatros, bibliotecas, academias), independência do Brasil, cultura e política na idade moderna com ênfase para o século XVIII e início do XIX. Desde 2019 é pesquisadora colaboradora do Centro de Memória Unicamp (CMU-Unicamp) com o projeto: O nascimento da Vila de São Carlos: memória, política e formação das sensibilidades na sociedade colonial (1774-1822).

Marcelo Cheche Galves é professor da Universidade Estadual do Maranhão. Doutor em História pela Universidade Federal Fluminense. Estágio pós-doutoral na Universidade NOVA de Lisboa. Pesquisa na área de História do Brasil no século XIX, com ênfase em estudos sobre imprensa e circulação de ideias políticas. Coordena o Núcleo de Estudos do Maranhão Oitocentista (NEMO) e integra a Rede Proprietas (INCT Proprietas), coordenado por Márcia Maria Menendes Motta (Universidade Federal Fluminense), e o Projeto PRONEX – Caminhos da Política no Império do Brasil, coordenado por Lúcia Maria Bastos Pereira das Neves (Universidade do Estado do Rio de Janeiro). Bolsista de Produtividade em Pesquisa do CNPq - Nível 2.

Petições e representação política na independência do Brasil

Andréa Slemian
Renata Silva Fernandes

Poucas pessoas hoje em dia dão importância ao artigo 81 da Carta Constitucional do Império do Brasil de 1824 ao analisá-la. Ou melhor, poucos o tomaram como importante para pensarmos as vias existentes de representação política dos interesses não apenas das vilas, cidades, etc., mas também de corporações e indivíduos. Refere-se ele ao que caberia aos Conselhos Gerais de Província, órgãos que seriam criados com o intuito de, segundo o próprio artigo, "propor, discutir e deliberar sobre os negócios mais interessantes de suas Províncias; formando projetos peculiares, e acomodados às suas localidades, e urgências". Sua transcendência, ao contrário, foi sentida pelos contemporâneos ao processo de Independência a ponto do deputado Joaquim Manoel Carneiro da Cunha, eleito pela Paraíba, poder argumentar que:

> Quando li a Constituição oferecida, olhando para os seus artigos, logo que li este [artigo 81] dei o meu voto: dele hão de emanar todos os bens que nos hão de resultar, demos, pois, a estes conselhos as suas atribuições, não lhas roubamos, não queiramos que fiquem no mesmo estado ou pior ainda que um particular.[1]

O deputado era conhecido pelo seu caráter combativo e crítico em relação ao projeto imperial encabeçado por D. Pedro desde 1822, o qual esteve longe de ter imediato consenso e adesão em todas as províncias então portuguesas quando de sua aclamação. Sua fala se deu exatamente quando se discutia o poder que deveriam ter os citados Conselhos, anos depois da aprovação da Carta de 1824; e Carneiro da Cunha defendia que as propostas encaminhadas por tais órgãos não poderiam ser submetidas à emendas da Assembleia Geral, instalada no Rio de Janeiro, preservando a integridade de suas proposições originais. Sem dúvida, o tema tocava no poder que teriam tais órgãos em representar os interesses da província, e mesmo na intervenção da Corte sobre os mesmos, tocando no âmago dos debates sobre federação que andavam na ordem do dia em meio à crise que levou à Abdicação. Por isso, Carneiro da Cunha chegaria a classificá-lo como "o mais liberal" artigo da constituição.

Mas a força do artigo 81 em relação à ideia de representação política que queremos discutir aqui é especialmente evidente se temos em conta como eram concebidos tais Conselhos. O

1 Sessão de 23/junho, p. 475. *Anais do Parlamento Brasileiro - Câmara dos Deputados*. Ano de 1830, Rio de Janeiro: Typographia de H. J. Pinto, 1878, t. 1.

Conselho Geral de Província, implementado desde 1828, veio a somar-se a outro Conselho que já funcionava nas capitais juntamente aos presidentes, nomeados pelo Imperador, desde 1823. Ambos eram movidos, instigados, e recorrentemente interceptados pela cotidiana e recorrente chegada de petições enviadas pela população. A partir de pesquisas que desenvolvemos sobre os mesmos, ficou evidente como seguiram, mesmo após as independências, essa prática tradicional de atendimento às demandas e resolução de conflitos por via peticionária decidida por órgãos colegiados (expresso inclusive pelo costume na utilização do nome Conselho).[2] Assim, é possível que Carneiro da Cunha, ao tratar da importância histórica dos órgãos concelhios e da função desses de propor, discutir e deliberar sobre os assuntos que lhe eram enviados, tivesse em mente a força que o atendimento de demandas e queixas poderia ter na legitimação de um governo representativo. É digno de nota que o citado deputado classifique esse artigo da Carta como o mais *liberal*.

Há quem diga que poderia chamá-los de uma antecipação às Assembleias Legislativas que seriam instauradas, como se sabe, após o Ato Adicional de 1834; o que consideramos ser um equívoco haja vista o modo como funcionavam, totalmente distintos a uma proposta de separação de poderes, e funcionando de modo tradicional. Mesmo assim, sua concepção e funcionamento tocavam no âmago do que se pode chamar de representação em função da prática peticionária: é exatamente isso que analisaremos nas páginas que se seguem. Tomando em conta a centralidade das vias peticionárias no momento da independência, pretendemos discutir como se deu seu enquadramento

2 Cf. SLEMIAN. *Sob o Império das Leis*; FERNANDES. *Um governo por conselhos.*

a partir da defesa da criação de um "direito de petição" tal qual proposto a partir dos movimentos revolucionários. Nesse sentido, a experiência francesa é a mais eloquente ao evidenciar os impasses desse novo direito como um caminho de representação política dos indivíduos, o que reverberaria nos territórios ibéricos, marcando a discussão no momento da Independência.

Nossa hipótese é que a prática ancestral de peticionamento, aqui exemplificada na importância dada aos Conselhos, era a maneira pela qual os súditos encaminhavam suas demandas e que se evidencia no momento da Independência e na Carta de 1824, mesmo sem sua transformação imediata em um "direito de petição" autônomo como parte do direito público. O saldo dessa história seria que as petições, no momento da Independência, e por razões por nós discutidas adiante, tenderiam a aproximar do que seriam queixas e infrações. Posteriormente, elas tenderiam a perder sua importância como ação em nome dos interesses das populações e corporações, haja vista a implementação de novas instituições vinculadas ao sistema representativo. Assim, seria equívoco dizer que da forma tradicional de representação política nasceria efetivamente uma *moderna*, digamos.

Para trilhar esse caminho, seguimos de perto as provocações feitas por Pierre Rosanvallon que, ao tratar dos impasses na construção das democracias modernas, toma exatamente como seu calcanhar de Aquiles o que toca à representação dos interesses da sociedade.[3] Segundo ele, há que se entender o papel que passaram a ter os espaços de decisão em nome dos poderes executivo e mesmo da ação administrativa – criada e teorizada ao longo do século XIX –, como um movimento que tendeu a esvaziar a práti-

3 ROSANVALLON. *El buen Gobierno*.

ca do que se concebeu revolucionariamente como espaços representativos, cada vez mais reduzidos apenas ao voto. É exatamente o início desse movimento que vemos na formatação que, a partir da independência, deu-se às petições e que significaria um posterior declínio de sua importância como canal de representação. Logo virariam elas, sobretudo, formas de protesto.

De um mundo de petições ao direito de peticionar

Em linhas bem gerais, poderíamos dizer que o direito de petição seria a faculdade que pertence a todas as pessoas de se dirigirem aos poderes constituídos, autoridades ou agentes públicos, para as informar sobre algum fato/situação e solicitar sua intervenção. Hoje em dia, a ideia de peticionar está intimamente vinculada à ideia de protesto contra injustiças ou em favor de reivindicações políticas e sociais, sentido que tal prática iria adquirir apenas ao longo do século XIX. No entanto, as petições nem sempre tiveram esse sentido, ao contrário: funcionavam durante muito tempo como ações em nome do encaminhamento de demandas dentro, e não fora, dos canais de poderes instituídos socialmente.

Uma breve reconstrução histórica é necessária para que tenhamos ideia do seu alcance. O ato de peticionar tem uma longa história que se perde em "tempos imemoriais" como uma ação primordial de comunicação política dos súditos com os monarcas, amplamente difundido e conhecido inclusive nos dois lados do Atlântico a partir dos processos colonizadores.[4] Falar em petições significa tratar de um mar de papéis que cruzaram

4 CARDIM. *O quadro constitucional*, p. 134; COSENTINO; MONTEIRO. *Grupos corporativos e comunicação política*, p. 433-434.

territórios e oceanos tanto diversos do ponto de vista de seu teor e forma, como dos caminhos e vias institucionais que seguiam. Não é equivocado dizer que o sentido comum de sua ação estava no fato de serem endereçados a agentes e/ou autoridades hierarquicamente superiores com alguma solicitação, queixa ou mesmo reivindicação, individual ou coletiva amplamente utilizada pelos mais diversos setores sociais, incluindo subalternos.[5] É isso que faz com que alguns estudiosos defendam que, até meados do século XVIII, elas tivessem um papel central no reforço dos vínculos sociais e políticos com os governos, e com o próprio rei, na medida em que representava um instrumento de permanente negociação, baseado em uma chave de petição-resposta, diante das demandas dos súditos e/ou corporações.[6] Ainda que a ideia de que as mesmas pudessem servir como uma válvula de escape seja controversa para o período moderno, seria apenas no Setecentos que haveria uma proliferação de petições com bandeiras eminentemente políticas e em nome da opinião pública, o que se pode observar igualmente na América portuguesa.[7]

Seria após a eclosão dos movimentos constitucionais, em especial na Revolução Francesa, que as petições foram concebidas com um papel político primordial. Foi quando sua ação passou a ser vista não apenas como um direito natural, inerente à pessoa humana, mas passou igualmente a ser defendida como

5 Cf. HESPANHA. *Imbecilitas*; GARRIGA. *Gobierno y justicia.*

6 Cf. ZARET. *Petition-and-Response and Liminal Petitioning in Comparative*; ALMBJÄR. *The problem with early-modern petitions.*

7 Cf. SILVEIRA. *Acumulando forças*; PIRES. *Resistência indígena nos sertões nordestinos no pós-conquista territorial*; COSTA. *Na lei e na guerra*; SILVA. *Africanos e afrodescendentes na América portuguesa;* DOMINGUES; RESENDE; CARDIM. *Os indígenas e as justiças no mundo ibero-americano.*

um direito individual e político com prerrogativa de representar seus interesses. O que mobilizaria um debate sobre seu papel em todas as partes em que mudanças constitucionais estiveram na ordem do dia desde finais do século XVIII até pelo menos as primeiras décadas do XIX. Desde então, seriam comuns defesas públicas em seu nome, marcadas profundamente pelos slogans da opinião pública e da participação dos povos no governo. Obras literárias, jornais, panfletos e folhetos de diferentes matizes e vertentes seriam escritos e traduzidos com esse teor, como é o caso da afamada *Doutrina Social* do publicista francês Charles-Jean Baptiste Bonnin:[8]

> Só o povo tem o direito incontestável, inalienável e imprescindível de instruir o governo; bem como de o reformar, corrigir ou mudá-lo totalmente, quando a sua proteção, segurança, propriedade e felicidade o exigir. O povo tem direito de se juntar de uma maneira pacífica e em boa ordem, para consultar sobre tudo quanto interesse ao bem-comum; tem direito de dar instruções aos seus representantes, e de requerer ao corpo legislativo, por via de requerimentos, petições ou representações, a reparação dos danos, que se lhe feito houver, e o alívio dos males que sofrer.[9]

8 O autor francês, por diversas vezes mencionado nos debates parlamentares do período, teve também suas obras comercializadas no Brasil. *O Diário do Governo*, em 18 de janeiro de 1823, por exemplo, anunciava a venda em sua loja na rua da Quitanda da *Doctrine Sociale*. Além disso, citações de suas obras serviram de epígrafe a periódicos dos anos vinte do Oitocentos como *O Universal* (MG), *O Astro de Minas* (MG) e *O Farol Maranhense* (MA).

9 BONNIN. *Doutrina Social*, p. 33 (Aforismo 2).

Foi exatamente em 1791 na França, que se deu a regulamentação propriamente dita de um "direito de petição".[10] Já desde esse momento seriam flagrantes suas ambivalências. Na sua definição, previa-se que esse poder cabia apenas aos indivíduos e que os *corpos* coletivos – fossem administrativos, judiciais, municipais e mesmo sociedades de cidadãos – não poderiam exercê-lo. Previa-se que as petições até poderiam ser coletivas, desde que assinadas individualmente sem que uma corporação falasse em seu nome. Sua justificativa era a preservação de um direito às pessoas contra quaisquer formas de opressão, e mesmo que não fossem eclipsadas pelas corporações. Mas é evidente que tal proposta de definição do direito de petição visava igualmente manter a ordem pública e evitar maiores sublevações sociais através da pretensão de instituir-se como um canal legítimo de expressão de representação individual.

Tal posição nunca foi consenso e a controvérsia sobre o que seriam petições coletivas permitidas se alongaria por várias décadas, inclusive na França. Desde a eclosão da revolução, os mais radicais viam nas sociedades populares um elemento de caráter democrático para expressão da vontade da nação, como o próprio Robespierre, e advogavam para sua aceitação como mandatários legítimos das mesmas. Afinal, é sabido como uma infinidade de petições seria encaminhada à Assembleia Constituinte, e suas temáticas envolviam desde a proposição de projetos e melhorias, felicitações, até aquelas que faziam pressão política na Casa legislativa.[11] A prática desse momento tocava em outro ponto de tensão em relação às petições: a de seu papel como um direito

---

10 CLÉRE. *Le droit de pétition aux chambres de 1789 à nos jours.*

11 *Idem*, p. 311-2.

político na proposição e participação direta na iniciativa de leis e medidas legislativas. Nesse sentido, seu tradicional enquadramento como um direito natural de representação galgava por uma entidade constitucional no momento revolucionário, e seria um dos pontos de batalha nas disputas pela circunscrição dos espaços de representação política nesse momento.

Rapidamente a questão da criação de um direito de petição estaria presente nas experiências ibéricas. Um exemplo de sua defesa pode ser visto nas emblemáticas *Lições de Direito Público* de Ramón Salas, publicadas em 1821 na Espanha, e traduzidas no ano seguinte para o português. Nela, o jurista e professor de Salamanca, altamente vinculado com as concepções trazidas pela Revolução Francesa, defendia a profunda utilidade desse direito e criticava como alguns textos constitucionais coevos queriam cerceá-lo. Segundo ele, mesmo "nas monarquias mais absolutas", esse direito de "sorte sagrado" lhes permitia, "representar a autoridade competente o que julgam ser útil".[12] Nesse sentido, defendia a necessidade do direito de petição sem exceção das que pudessem ser enviadas coletivamente

> quando muitos cidadãos autorizam livremente um dentre eles a representar, ou requerer em nome de todos; quando o chefe e alguns indivíduos autorizados por uma corporação, pedem em nome de toda a mesma corporação, não vejo, que inconveniente possam ter as petições coletivas, a não ser para ministros, cuja consciência lhes adverte, que as devem temer. Pelo contrário, as re-

12 SALAS. Ramón. *Lições de Direito Público Constitucional para as escolas de Hespanha*, p. 100.

> presentações coletivas exprimem com prontidão, e com mais uniformidade a opinião pública, do que as representações individuais.[13]

Nessa passagem do seu *Direito Público*, Salas parece representar uma perfeita defesa do direito de petição tal qual idealizado nos primeiros anos da revolução. A ação de peticionar, já tão antiga, deveria galgar agora um papel constitucional de intervir nas decisões nos governo representativos.

No entanto, apesar da disseminação que o direito de petição ganhou nessas décadas, e mesmo nos anos da restauração na França em que sua prática foi frenética, sua tendência seria arrefecer-se ao longo do século XIX. A instituição dos regimes representativos e a valorização das formas indiretas de expressão dos interesses dos cidadãos teriam seu papel na manutenção de sua prática no âmbito do direito natural, sem uma afirmação peremptória do seu papel como um direito público: o que em um universo constitucional e de império da lei, não lhe forneceria o mesmo poder que possuía anteriormente nas antigas monarquias. No caso dos mundos português e "brasileiro", seguir-se-ia essa solução com forte tendência a que o direito de petição sofresse ainda maior cautela desde o início.

O direito de petição na eclosão constitucional portuguesa

No universo luso-brasileiro, à semelhança do que ocorrera em outras experiências revolucionárias coevas, os momentos constituintes inaugurados a partir da eclosão da Revolução

13 *Idem*, p. 100.

do Porto em 1820 estiveram marcados por uma intensa ação peticionária e por importantes embates jurídico-políticos sobre as formas e significados da tradicional prática. As Cortes de Lisboa e, posteriormente, a Assembleia Constituinte de 1823 instalada no Rio de Janeiro, ao chamarem para si o papel demiúrgico de construção de um novo pacto político e de representantes da nação, atraíram, sem dúvidas, uma avalanche de petições. E em ambas as experiências, os procedimentos para o processamento e resolução das mesmas bem como a natureza e enquadramento daquilo que, a partir de então, viria a ser consagrado como "direito de petição", foram objeto de debates. Estes sinalizavam, justamente, para alguns dos desafios teóricos e práticos de não menor monta suscitados pelo peticionamento naquele contexto de afirmação de novos imperativos políticos, constitucionais e nacionais, e de criação de sistemas representativos de tipo moderno.

Nas Cortes de Lisboa, embora o direito de petição não tenha sido contemplado no projeto inicial das *Bases da Constituição Portuguesa*, em contrapartida, poucos dias após o início de suas discussões, o deputado da Estremadura, Hermano José Braamcamp do Sobral, propôs às Cortes que esse direito deveria ser declarado entre os "direitos individuais do cidadão"; na sequência, Henrique Xavier Baeta, igualmente estremenho, ofereceu um aditamento para contemplá-lo.[14]

A proposta do deputado Henrique Xavier Baeta começava pela afirmação positiva do direito ao propor que "todo o cidadão poderá apresentar às Cortes reclamações, queixas, ou proposi-

14 VIEIRA. *O problema político português no tempo das primeiras Cortes Liberais*, p. 30; VARGUES. *A aprendizagem da cidadania em Portugal*, p. 222.

ções" e complementava que "elas deverão ser examinadas".[15] Se era um direito do cidadão apresentar reclamações, queixas ou proposições, as Cortes tinham o compromisso de examiná-las. Contudo, o aditamento ia além, tocando no já abordado ponto chave concernente à legitimidade e amplitude do direito de petição, qual seja: sua definição como um direito a ser exercido exclusivamente de forma pessoal e individual ou também como um direito a ser exercido coletivamente e/ou por corporações. Dimensão conexa às reflexões sobre as relações entre o direito de petição e outros direitos individuais alçados nesse contexto à condição de "sagrados", caso do direito de associação e da liberdade de expressão.

Nesse sentido, as formulações do deputado português pareciam propor uma solução relativamente conciliatória quanto à prática. De um lado, assegurava que ajuntamentos de cidadãos e autoridades municipais poderiam exercer o direito de petição, tal como que sociedades particulares discutissem "qualquer objeto político". De outro, todavia, além de restringir a publicação de deliberações de sociedades particulares, buscava também domesticar o peticionamento ao definir que os ajuntamentos deveriam ser "pacíficos" e necessariamente presididos por oficiais municipais; e, que, ao caso contrário, se "deliberassem" sobre negócios do Estado seriam considerados ajuntamentos sediciosos.[16]

---

15 PORTUGAL. *Diário das Cortes Geraes e Extraordinarias da Nação Portugueza.* Disponível em https://debates.parlamento.pt/catalogo/mc/c1821, acesso em 20/09/2021 [doravante DCGENP]. Sessão de 16 de fevereiro de 1821, p. 110.

16 *DCGENP*. Sessão de 16 de fevereiro de 1821, p. 110.

Ao longo dos debates, a inclusão do direito de petição no rol dos "direitos individuais do cidadão" foi aprovada pelas Cortes, mas alterações importantes ocorreram nas linhas gerais traçadas pelo deputado Baeta, que se materializaram no artigo 14 das *Bases*. Concretamente, acresceu-se que elas também poderiam ser apresentadas ao poder Executivo com a substituição da palavra "proposições" por "petição" – indício da incorporação de uma nova compreensão do vocábulo propagada pelo constitucionalismo liberal.[17] Por fim, uma outra mudança de monta foi a definição de que as "reclamações, queixas e petições" deveriam ser apresentadas *por escrito;*[18] outro tópico, em realidade, objeto de importantes reflexões entre juristas e publicistas do período.

Sem embargo, longe de se esgotar, o direito de petição, a amplitude de seu exercício e a forma de tramitação e tratamento das petições pelas Cortes continuaram a suscitar discussões *pari passu* a contínua e diversificada remessa delas ao "Soberano Congresso".[19] Mudanças de relevo ocorreram especialmente com o projeto da Constituição, elaborado pela Comissão de Constituição e apresentado às Cortes em junho de 1821. Sob o Título 1º – Dos direitos e deveres individuais dos Cidadãos, o artigo 17 era dedicado ao direito de petição: "Todo o Cidadão poderá apresentar por escrito às Cortes e ao Poder Executivo reclamações, queixas, ou petições; e bem assim expôr qualquer

---

17 Cf. ROSANVALLON. *El buen Gobierno*; ROJAS. *El derecho de petición y el sistema representativo mexicano.*

18 Os Diários não registraram as discussões que ampararam essas mudanças. *DCGENP*. Sessão de 17 de fevereiro de 1821, p. 116.

19 VIEIRA. *Op. Cit.*; VARGUES. *Op. Cit.*; CRUZ. *The petitionary wave of the First Portuguese Liberal Revolution.*

infracção da Constituição, e reclamar a efetiva responsabilidade do infrator".[20]

O enunciado pela Comissão de Constituição converteu-se em matéria de debates. As maiores controvérsias foram reservadas para a segunda parte do artigo, que introduzira um novo complemento: o direito de expor infrações da Constituição e reclamar a efetiva responsabilidade do infrator - uma formulação, em realidade, que encontrou eco em diversos movimentos constitucionais do contexto, nos quais viria a servir como forma de combater os *inimigos* políticos.[21] Entre os deputados lisboetas, as divergências começavam pela definição terminológica de "reclamação" e "queixa". Mais especificamente, se estas expressões compreendiam ou não reclames e queixumes sobre "assuntos gerais", acepção decisiva para compreensão da declaração contida no artigo sobre o direito de expor infrações da Constituição. No cerne do embate encontravam-se leituras conflitantes: de um lado, os que consideravam que o direito de "queixa" e "reclamação" previsto nas Bases já abarcava as denúncias de infração da Constituição; de outro, os que afirmavam ser esse um novo direito não preconizado nas Bases.[22]

Em meio a tais controvérsias, na votação, os deputados decidiram que a doutrina da proposta da Comissão subsistiria, mas deveria ser contemplada em artigo separado, no qual

20 PORTUGAL. *Projeto para discussão.* Constituição Política da Monarchia Portuguesa, feita pelas Cortes Geraes, Extraordinárias, e Constituintes reunidas em Lisboa no ano de 1821. Lisboa: Imprensa Nacional, 1821.

21 Os ecos da Constituição de Cádiz de 1812 são, nesse sentido, evidentes. Cf. GARRIGA; LORENTE. *Responsabilidad de los empleados públicos y contenciosos de la administración.*

22 *DCGENP*. Sessão de 23 de julho de 1821, p. 1623-1624.

se declarasse que "todo o cidadão tem direito de fazer reclamações sobre a inobservância dos artigos da Constituição perante as autoridades competentes". Essa redação seria alterada, mais tarde, para "todo o Português tem igualmente o direito de expôr qualquer infracção da Constituição, e de requerer perante a competente Autoridade a efetiva responsabilidade do infrator". Portanto, a Constituição Portuguesa de 1822,[23] tal como a Constituição de Cádiz, vinculou diretamente "petições" a "infrações da Constituição" e "responsabilidade", transformando o mecanismo peticionário em instrumento de afirmação do valor supremo da Constituição.[24] Nessa direção, a afirmação de Borges Carneiro de que todo "cidadão tem o direito de vigiar, e reclamar" a observância da Constituição é sobremaneira esclarecedora. Nestes termos, a principal ênfase então concedida ao movimento peticionário não se concentraria, portanto, nas formas de representação política, mas, sobretudo, nas queixas e infrações. Vejamos como essa marca se reproduz no Brasil.

O direito de petição e o Império do Brasil

Os debates sobre as petições que ocorreram na Assembleia Constituinte de 1823 foram diretamente tributários daqueles ocorridos nas Cortes de Lisboa. No Rio de Janeiro, sem nem mesmo discutir o caráter do quê se deveria considerar como direito às petições, os deputados parecem partir claramente dos

23 PORTUGAL. *Constituição Política da Monarquia Portuguesa decretada pelas Cortes Gerais Extraordinárias e Constituinte reunidas em Lisboa no ano de 1821*. Disponível em: https://www.fd.unl.pt/Anexos/Investigacao/7511.pdf. Acesso em 02/11/2021.

24 Cf. LORENTE. *Las infraciones a la Constitucion de 1812*; GARRIGA; LORENTE. *Op. Cit.*

posicionamentos estabelecidos no espaço lisboeta. Assim, no Regimento Interno da Assembleia Constituinte, assegurava-se o direito de "todo cidadão" representar o que "julgar proveitoso à nação"[25] e estabelecia-se, ainda, que se a representação tivesse por objeto um projeto de lei, ela seria analisada pela Comissão a que foi destinada – que, por sua vez, poderia reduzi-la a proposta, facultando-se, ainda, ao peticionário a participação neste trabalho.[26] Não obstante, tais artigos do Regimento foram aprovados sem maiores controvérsias. Nesse sentido, chama a atenção que boa parte dos momentos de discussão no plenário se concentrasse em tratar dos procedimentos que deveriam ser implementados no processamento das demandas que chegariam à Casa, bem como na polêmica sobre os encaminhamentos de alguns dos muitos casos que já chegaram.

Os trabalhos da Assembleia se iniciaram em maio de 1823, sem a presença de representantes de diversas províncias, alguns dos quais nunca chegaram a tomar assento na Casa, que teve seu funcionamento encerrado de forma abrupta pelo Imperador em novembro daquele ano.[27] Não há como negar que seu contexto foi marcado por muitas incertezas e intensos enfrentamentos em torno da adesão à Independência do Brasil e ao projeto capitaneado pela figura de D. Pedro. Mas logo após sua abertura, foi nomeada uma Comissão de Petições

---

25 *Annaes do Parlamento Brazileiro. Assembléa Constituinte do Império do Brazil.* Brasília: Senado Imperial, Secretaria Especial de Editoração e Publicações [transcrição]. Disponível em http://www.senado.leg.br/publicacoes/anais/asp/ip_anaisimperio_digitalizados.asp. Acesso em 28/11/2021 [doravante APB], L. 2. Sessão de 23 de junho, p. 161.

26 *Idem.* Sessão de 27 de junho, p. 170.

27 SLEMIAN. *Sob o Império das Leis*, p. 71-72.

para onde as mesmas deveriam ser encaminhadas.[28] Da mesma maneira que nas Cortes e diante das expectativas geradas pela sua abertura, houve uma onda de papéis para ela direcionados, bem como ofícios que os próprios ministros enviaram à Casa. Poucos dias após o início dos trabalhos da Comissão, observou-se que nela se gastava "um largo e desnecessário trabalho" escrevendo pareceres sobre todos os requerimentos encaminhados. Foi proposto que ela deveria apenas indicar a direção que cada papel deveria tomar, ou seja, encaminhá-lo para outra comissão de matérias específicas ou para o governo. Assim se decidiu em um primeiro momento.[29]

No entanto, dias depois, após a leitura de alguns pareceres sobre quatro petições encaminhadas à Comissão, tal procedimento gerou certa polêmica.[30] Uma delas tratava exatamente de um requerimento feito por presos na cadeia que, denunciando terem sido pronunciados em "devassas" – processos rápidos instaurados por uma autoridade para investigação de alguma denúncia, e que nesse momento passaram a ser práticas condenáveis por "anticonstitucionais" – solicitavam justiça. Para o caso, a Comissão concluía que não cabia à Assembleia o conhecimento. O deputado Francisco Muniz Tavares, eleito por Pernambuco, propunha que a mesma Comissão pudesse deferir, por si própria, se os requerimentos encaminhados de-

28 Em 7 de maio, Araújo Lima propõe a nomeação de uma comissão de petições. Decidiu-se que seriam de 5 membros. Saíram eleitos D. Nuno Eugenio de Locio, José Teixeira da Fonseca Vasconcellos, Estevão Ribeiro de Rezende, Caetano Maria Lopes Gama e Lucio Soares Teixeira de Gouvêa. *APB*, L. 1. Sessão de 7 de maio, p. 62, 66.

29 *APB*, L. 1. Sessão de 9 de maio, p. 67.

30 *Idem*. Sessão de 17 de maio, p. 106 e ss.

veriam "pertencer ou não" à Assembleia. Alguns deputados o seguiram, mas foi sobretudo outro pernambucano, Pedro de Araújo Lima, que se opôs frontalmente a esse encaminhamento com a seguinte defesa:

> O direito de petição é um direito que todo o governo livre deve proteger com desvelo, como um dos mais preciosos de que se pode gozar na sociedade civil, e portanto não devemos dificultá-lo ao cidadão. Quando este espera alguma decisão da assembleia não se satisfaz só com o juízo da comissão que de fato não é o juízo da assembleia.[31]

Segundo ele, a Comissão não poderia falar pela Assembleia, a qual deveria ser a guardiã dos cidadãos. E que assim correriam o risco de que alguma queixa contra empregados públicos sujeitos à responsabilidade poderia passar ilesa. Os que discordavam, em contrapartida, sem diminuir o papel e importância que tinham as petições, falavam em nome de se economizar tempo em matérias que não caberiam à Casa.[32]

Rondava sempre no ar a defesa de que cabia aos deputados, como representantes da nação, o dever de darem aos "povos" o direito de se queixarem de procedimentos arbitrários e injustiças. Esse argumento foi por vezes evocado como garantia aos cidadãos do recurso de petição no sentido de dissuadi-los de levantamentos e sublevações contra o governo. Nestes termos

31 *Idem*. Sessão de 17 de maio, p. 107.

32 Ao final, como uma espécie de meio-termo, decidiu-se que a Comissão, além de mandar os casos para aquelas que considerasse mais adequadas, deveria dar seu parecer sobre aqueles os que julgasse não pertencerem à Assembleia. *Idem*. Sessão de 17 de maio, p. 107.

falou o deputado José Martiniano Alencar, eleito pelo Ceará, contra a abolição das Juntas Provisórias de governo – que haviam sido criadas pelas Cortes de Lisboa em 1821 para as províncias – com o seguinte argumento:

> conservemos essas mesmas juntas que são obras do povo, e demos-lhes provisoriamente um regimento que lhes marque suas atribuições; que prive suas arbitrariedades, e que se contenham nos limites justos do seu poder: digamos aos povos que não lhes fica mais o direito livre de derribar (sic) essas juntas que tão somente lhes compete o direito de petição e representação, pelo qual podem requerer contra elas.[33]

Dessa forma, o combativo deputado deixava claro que os caminhos para se combater as arbitrariedades era regulamentar as instituições e fazer com que os cidadãos utilizassem a via peticionária como meio legal para seu funcionamento. Sua fala era muito significativa, já que o ambiente de disputas e conflitos grassava em muitas das províncias, sendo o direito de petição um instrumento para conservação da ordem que não deveria ser confundido com movimentos coletivos de convulsão social. No mesmo caminho que já havia sido evocado nas Cortes de Lisboa e experiências mencionadas acima.

Embora o ato de peticionar também tenha sido lembrado pelos deputados para o artigo então criado especialmente para os direitos dos cidadãos no projeto de Constituição,[34] com o

33 *APB*, L. 2. Sessão de 16 de junho, p. 75.

34 SLEMIAN. *La independencia de Brasil*, p. 121-149.

fechamento da Assembleia, a comissão nomeada por D. Pedro para fazer a Carta Constitucional, valer-se-ia de uma definição praticamente idêntica à portuguesa que comporia o parágrafo XXX do artigo 179:

> Todo o cidadão poderá apresentar por escrito ao Poder Legislativo, e ao Executivo reclamações, queixas, ou petições, e até expor qualquer infração da Constituição, requerendo perante a competente autoridade a efetiva responsabilidade dos infratores.

Da mesma forma que na Constituição Portuguesa de 1822, petição associava-se diretamente à queixa e reclamações, sobretudo na sua dimensão individual, bem como as infrações à Constituição. Era em termos muito similares que no "Discurso sobre a autoridade do Povo em o systema constitucional", publicado no periódico baiano *Grito da Razão* em outubro de 1824, defendia-se que o direito de petição seria o dos "cidadãos particulares". E que este seria um instrumento para que abusos, infrações e "vexações do governo" fossem denunciados no "Santuário das Leis". Dizia também que as petições não deveriam ser desprezadas, pois elas fariam conhecer ao Congresso "as necessidades atuais dos Povos" e o fazem precaver das agressões parciais do poder.[35] No entanto, o discurso do periódico não era idêntico ao que prevaleceu na Carta: ambos defendiam o direito de queixa, mas apenas o periódico clamaria em nome do histórico papel das petições como canais de representação dos povos. Nada

35 Discurso sobre a autoridade do Povo em o systema constitucional. *Grito da Razão*. Salvador, nº 10/1824.

assegurava na Constituição o peticionamento como um direito público, a não ser os Conselhos Gerais da Província, segundo a leitura do deputado Carneiro de Campos; com o qual, não à toa, iniciamos essas páginas.

Epílogo: o futuro das petições

Ao longo do período imperial, verificaram-se importantes embates sobre a natureza e amplitude do direito de petição que sinalizam para tentativas de domesticação do papel das mesmas. Sintomático disso é que, em meio à conjuntura política da Abdicação de D. Pedro I, indagações e leituras divergentes sobre o art. 179, §30 vieram à tona na sessão permanente da Câmara dos Deputados por ocasião da discussão dos pareceres das comissões de constituição e de justiça civil e criminal sobre a representação apresentada em nome da "tropa e povo" do Rio de Janeiro. Remetida ao Parlamento pelo ministro da justiça, a petição advogava a deportação de 89 cidadãos (incluindo-se alguns senadores) tidos por "inimigos do Brasil". Ao menos segundo alguns deputados, ela se dera com "armas à mão".

Na ocasião, alguns deputados fizeram pronunciamentos que sugerem um novo campo aberto de entendimento, passível de instrumentalização política quanto à natureza, limites e amplitudes da prática peticionária. Veja-se o embate entre o deputado Martim Francisco, que defendeu que a Constituição, no §30 do artigo 179, pela expressão "todo o cidadão", garantia o direito individual de queixa, reclamação e petição, mas não "a muitos cidadãos colectivamente ou em massa";[36] e o deputado

36 Sessão de 19/julho, p. 259. *Anais do Parlamento Brasileiro - Câmara dos Deputados.* Ano de 1831, Rio de Janeiro: Typographia de H. J. Pinto, 1878, t. 1.

Montezuma, para quem o direito de petição não tinha limites,[37] e que, em tais casos, a Constituição deveria ser interpretada "do modo mais compatível com um direito de tanta monta", dando-lhe, portanto, "a interpretação extensiva pelo lado favorável".[38] Tratava-se de um episódio que ilustrava os potenciais riscos da intrínseca relação entre petição e protesto, capaz, naquele contexto de conturbação política, de suscitar divergências em torno da forma e teor de uma petição "constitucional", em contraposição a uma considerada ilegal, injusta, inconstitucional.

Era também assim que, na década de 1850, Pimenta Bueno, na sua famosa *Análise da Constituição*, faria uma diferenciação entre o direito de petição, por ele definido como "faculdade legítima que o cidadão ativo tem de apresentar por escrito aos poderes públicos suas opiniões, suas ideias, interesses que partilha e seus votos sobre os negócios sociais de legislação ou da administração do Estado", e o direito de "requerimento, reclamação ou queixa".[39] Em sua perspectiva, o direito de petição era "antes um direito político do que natural ou individual", que não deveria ser gasto em circunstâncias triviais e, tampouco, poderia ser exercido por "grupos ou multidões". Em contrapartida, deveria ser exercido apenas por escrito, e pelas pessoas individualmente, facultando-se no máximo a assinatura de dez pessoas, "número maior que as leis dos governos constitucionais toleram".[40] Assim, por um lado, o jurista questionava o estatuto

37 Residindo esses no direito de deferir, limitado na forma da lei. *Idem*, p. 256.

38 *Idem*, p. 260. Ver também: Sessão de 20 de julho de 1831. *Idem*.

39 PIMENTA BUENO. *Direito publico brazileiro e analyse da Constituição do Imperio*, p. 434. Ver também: PEREIRA. *Ao soberano congresso*, p. 237-8.

40 *Idem*, p. 434-437.

de "direito" daquilo que pudesse conduzir a protestos e contestações sociais; por outro, o que nos parece sobremaneira relevante, valorizava o potencial papel das petições como um canal de representação política, mesmo que estas não estivessem assim previstas na Carta de 1824 que ele se propunha a analisar. Ora, não seria um despropósito imaginar que Pimenta Bueno quisesse "vender" a imagem de que a Carta seria ainda mais liberal do que realmente era, garantindo a imagem constitucional do Império, como bom saquarema.

Referências bibliográficas

ALMBJÄR, Martin. The problem with early-modern petitions: safety valve or powder keg? *European Review of History*: Revue européenne d'histoire, 2019, v. 26, n. 9, p. 1013-1039.

BONNIN, Charles-Jean Baptiste. *Doutrina Social ou princípios (aphorismos) universaes das leis e das relações dos povos deduzidos da natureza dos homens dos direitos do gênero humano textualmente formados das declarações dos direitos franceses e americanos [1820]*. Com as anotações e postos em linguagem vulgar pelo Dr. A. J. Mello Moraes. Bahia: Typ. Do Correio Mercantil de I. H. Cajueiro, 1847.

CARDIM, Pedro. O quadro constitucional. Os grandes paradigmas de organização política: a coroa e a representação do Reino. As cortes. In: MATTOSO, José (dir.); HESPANHA, António Manuel (coord.). *História de Portugal.* O Antigo Regime. v. 4. Lisboa: Estampa, 1998, p. 132-140.

CLÉRE, Jean-Jaques. Le droit de pétition aux chambres de 1789 à nos jours. In: BART, Jean; NAUDIN-PATRIAT, Françoise (eds.). *1797. La première constitution française.* Paris: Economica, 1993, p. 299-319.

COSENTINO, Francisco; MONTEIRO, Nuno. Grupos corporativos e comunicação política. In: MONTEIRO, Nuno; FRAGOSO, João (org.). *Um reino e suas repúblicas no Atlântico*: comunicações políticas entre Portugal, Brasil e Angola nos séculos XVII e XVIII. Rio de Janeiro: Civilização Brasileira, 2017, p. 433-467.

COSTA, João Paulo Peixoto. *Na lei e na guerra*: políticas indígenas e indigenistas no Ceará (1798-1845). Dissertação de Mestrado – Universidade Estadual de Campinas, Campinas, 2016.

CRUZ, Miguel. The petitionary wave of the First Portuguese Liberal Revolution (1820-1823). *Petitioning in the Atlantic World: Empires, Revolutions and Social Movements.* Palgrave Macmillan (livro no prelo).

DOMINGUES, Ângela; RESENDE, Maria Leônia Chaves de; CARDIM, Pedro. *Os indígenas e as justiças no mundo ibero-americano (sécs. XVI-XIX).* Lisboa: CHAM/CH/UFSJ, 2019.

FERNANDES, Renata Silva. *Um governo por conselhos*: as províncias e o Império do Brasil (Minas Gerais, 1822-1834). Curitiba: Appris, 2021.

GARRIGA, Carlos; LORENTE, Marta. Responsabilidad de los empleados públicos y contenciosos de la administración (1812-1845). Una propuesta de revisión. In: IÑURRITEGUI, José María; PORTILLO, José María (eds.). *Constitución en España*: orígenes y destinos. Madrid: CEPC, 1998, p. 215-272.

GARRIGA, Carlos; LORENTE, Marta. *Cádiz, 1812*: la Constitución jurisdiccional. Madrid: Centro de Estudios Políticos y Constitucionales, 2007.

GARRIGA, Carlos. Gobierno y justicia: el gobierno de la justicia. Dossier Justicia y Administración entre el antiguo régimen y el orden liberal: lecturas ius-históricas. *Plataforma del Programa Interuniversitario de Historia Política*, n. 125, p. 1-40, 2021.

HESPANHA, António Manuel. *Imbecilitas.* São Paulo: Annablume, 2010.

LORENTE, Marta. *Las infraciones a la Constitucion de 1812*: un mecanismo de defensa de la Constitucion. Madrid: Centro de Estudios Constitucionales, 1988.

PEREIRA, Vantuil. *Ao soberano congresso*: direitos do cidadão na formação do Estado Imperial brasileiro (1822 - 1831). São Paulo: Alameda, 2010.

PIMENTA BUENO, J. A. (Marquês de São Vicente). *Direito publico brazileiro e analyse da Constituição do Imperio*. Rio de Janeiro: Typ. Imp. e Const. de J. Villeneuve e C, 1857.

PIRES, Maria Idalina Cruz Pires. *Resistência indígena nos sertões nordestinos no pós-conquista territorial*: legislação, conflito e negociação nas vilas pombalinas 1757-1823. Tese de Doutorado - Universidade Federal de Pernambuco, Recife, 2004.

ROJAS, Beatriz. El derecho de petición y el sistema representativo mexicano. *Istor: Revista de Historia Internacional*, Año 16, nº. 61, 2015, p. 159-186.

ROSANVALLON, Pierre. *El buen Gobierno*. Manantial: Buenos Aires, 2015.

SALAS, Ramón. *Lições de Direito Público Constitucional para as escolas de Hespanha*. Traduzidas, e dedicas por D. G. L. D'Andrade com o mesmo objeto á Regenerada Nação Portugueza, e oferecidas aos seus Dignos Representantes. Lisboa: Typographia Rollandiana, 1822.

SILVA, Luiz Geraldo. *Africanos e afrodescendentes na América portuguesa*: entre a escravidão e a liberdade. Tese de Titular - Universidade Federal do Paraná, Curitiba, 2018.

SILVEIRA, Marco Antônio. Acumulando forças: luta pela alforria e demandas políticas na capitania de Minas Gerais (1750-1808). *Revista de História*, São Paulo, n. 158, 2008, p. 131-156.

SLEMIAN, Andréa. Os canais de representação política nos primórdios do Império: Apontamentos para um estudo da relação entre Estado e sociedade no Brasil (c.1822-1834). *Locus: Revista de História*, v. 13, n. 1, p. 34-51, 2007.

SLEMIAN, Andréa. *Sob o Império das Leis*: Constituição e unidade nacional na formação do Brasil (1822-1834). São Paulo: Hucitec, 2009.

SLEMIAN, Andréa. La independencia de Brasil: Constitucionalismo y derechos, 1820-1824. In: PIMENTA, João P. (org.). *Y dejó de ser colonia. Una historia de la Independencia de Brasil.* Madrid: Sílex, 2021, p. 121-149.

VARGUES, Isabel Nobre. *A aprendizagem da cidadania em Portugal (1820-1823).* Coimbra: Minerva, 1997.

VIEIRA, Benedicta Maria Duque. *O problema político português no tempo das primeiras Cortes Liberais.* Lisboa: Edições João Sá da Costa, 1992.

ZARET, David. Petition-and-Response and Liminal Petitioning in Comparative: Historical Perspective. *Social Science History*, v. 43, n. 3, p. 409-429, 2019.

Sobre as autoras

Andréa Slemian é professora da Universidade Federal de São Paulo (UNIFESP), onde leciona na graduação e na pós-graduação. É especialista em História do Brasil, entre os séculos XVIII e XIX, com ênfase no processo das reformas ilustradas, da Independência e da formação do Estado nacional. Atualmente suas principais temáticas são análises das instituições e da justiça – especialmente as formas processuais, numa interface entre história e direito, com interesse cada vez maior em uma história integrada com a América ibérica. Foi editora chefe da *Revista Almanack* (www.scielo.br/alm) de 2019 a 2021, atualmente é editora da *Revista Brasileira de História* (RBH) e Bolsista Produtividade em Pesquisa CNPq (nível 2).

Renata Silva Fernandes é professora da Faculdade de História da Universidade Federal de Goiás. É especialista em história política e das instituições, com ênfase em História da América, História do Brasil e História de Minas Gerais. É co-líder, com Andréa Slemian e Roberta Stumpf, do grupo de pesquisa *Circuitos oceânicos: petições e comunicação política da América portuguesa ao Império do Brasil*. Foi bolsista de pós-doutorado da Fundação de Apoio à Pesquisa do Estado de São Paulo - FAPESP (processo 19/00456-0). É autora do livro *Um governo por conselhos: as províncias e o Império do Brasil (Minas Gerais, 1822-1834)*.

O grande intervalo do oceano: o perpétuo estímulo para a independência do Brasil (1821-1823)[1]

Lucia Maria Bastos P. Neves

> Que o grande intervalo do Oceano é o perpétuo estímulo para a independência do Brasil, e motivo duradouro de desunião; [...]; ninguém pode remover as eternas barreiras da criação.[2]
> É neste sentido que os Brasileiros não podem ter unidade de sentimentos com seus irmãos de Portugal; a Natureza pôs no vasto Oceano uma barreira imensa que os separa; e só por abstração é que podem considerar-se unidos países tão distantes; diverso clima, diversos hábitos, diversas

1 As palavras em itálico foram retiradas de AMIGO DA UNIÃO. *A todos os periodistas de Lisboa um amigo da união sobre o Brasil sobre a Malagueta, Despertador Brasiliense, e Representação dos Paulistas.* Lisboa: Imprensa Nacional, 1822, p. 3.

2 *Idem*, p. 3.

> afeições, interesses diversos e muitas vezes contrários, tudo se opõe a que Portugal seja o objeto do patriotismo brasileiro; os sentimentos dos portugueses divergem e vão procurar cada um o seu centro a milhares de léguas de distância.[3]

Tais comentários foram escritos em 1822, ano em que as tensões do processo da Independência começaram a aflorar, atingindo o seu ápice. Para além das diferenças de perspectivas dos dois principais atores – Brasil e Portugal – observa-se um ponto fundamental comum a ambos: a distância que separava a antiga metrópole e o reino do Brasil. Em vários momentos do processo de autonomização do Brasil, o descompasso da comunicação política[4] e o desencontro das ideias, que transitavam por meio do oceano Atlântico, inviabilizavam o acompanhamento *pari passu* de cada decisão política, no interior do Império, possibilitando mal-entendidos e divergências.

Se, nos dias de hoje, graças às novas tecnologias, os acontecimentos históricos e as notícias caminham em grande velocidade em todo o mundo, sendo vivenciados pelos homens em tempo real, por meio das redes sociais, da internet ou das agências internacionais, naqueles anos das primeiras décadas do oitocentos, as notícias levavam dois meses ou mais para atravessar esse "vasto oceano", que se erguia enquanto uma barreira natural, que separava as duas partes do Império. Por conseguinte, os sistemas de decisão, os assuntos de governo, a postura dos atores

3 *Diário das Cortes Portuguesas*, sessão de 4 de julho de 1822, p. 692. Disponível em https://debates.parlamento.pt/catalogo/mc/c1821/01/01/01/047/1822-07-04/692. Acesso em 02/01/2022.

4 FRAGOSO; MONTEIRO. *Um reino e suas repúblicas no Atlântico.*

políticos envolvidos no processo e a qualidade dos circuitos de comunicação dependiam, em grande parte, deste ponto essencial – a distância entre os dois reinos – aspecto pensado e vivido pelas personagens de época. Tais atores formulavam questões, cujas respostas, a partir das linguagens políticas[5] do constitucionalismo e do liberalismo, em que estavam inseridos, propunham distintas visões de Independências, que se fizeram presentes naquela conjuntura histórica. Igualmente, percebia-se que os horizontes de expectativas[6] de tais personagens apontavam para uma solução que permitiu a aceleração do rompimento entre Brasil e a Mãe-pátria.

Por conseguinte, torna-se necessário o exame de eventos e de ideias em circulação para se compreender esse processo de ruptura, levando-se em consideração os rumores que surgiam pelo desencontro das informações, em virtude das notícias díspares presentes no interior do Império. Para alcançar tal objetivo, pretende-se analisar as discussões feitas em relação a alguns acontecimentos marcantes – o Dia do Fico, a convocação da Assembleia Geral e Constituinte do Brasil, o Sete de Setembro e o juramento da Constituição Portuguesa – que vieram à luz, tanto por um discurso oficial, quanto por meio de panfletos e periódicos, que iam e voltavam nesse imenso espaço, o Oceano Atlântico, que separava Brasil de Portugal.

***

O processo de separação entre Brasil e Portugal insere-se na conjuntura dos movimentos de 1820, que questionaram as práticas do Antigo Regime, buscando garantir, por meio de uma

5 POCOCK. *Linguagens do ideário político*, p. 63-82.

6 KOSELLECK. *Futuro passado*, p. 305-327.

Constituição, as liberdades e direitos esposados pelo liberalismo nascente.[7] E foi por efeito da Revolução Vintista que tais ideias ganharam o Brasil, colocando em circulação, de maneira inédita, uma literatura política de circunstância, que se traduziu em espantosa quantidade de jornais e folhetos políticos.[8] Alguns chegavam de Lisboa, outros passaram a imprimir-se no Rio de Janeiro e na Bahia, gerando um grande debate em diversas províncias e demonstrando a importância da circulação das ideias entre os dois lados do Atlântico.[9] Os debates tornaram-se intensos, levando à impressão de que subitamente se criara um espaço público de poder na América portuguesa. Limitados, de início, ao círculo reduzido de uma elite alfabetizada, para a qual os cafés, as livrarias e a maçonaria forneciam um novo espaço de sociabilidade, os debates não tardaram a se estender, ganhando as ruas e abrangendo outros atores.[10]

Ao longo do ano de 1821, o objetivo fundamental desses escritos foi o de criticar o governo absoluto e explicar os princípios de um constitucionalismo monárquico. Difundiu-se, assim, um novo vocabulário, que traduzia uma cultura política, a essa altura, há muito partilhada pelas elites ilustradas de ambos os lados do Atlântico. Embora a ideia de liberdade implicasse na crítica ao domínio colonial, ela não trazia, porém, nesse caso, a inevitabilidade de uma separação entre Brasil e Portugal.[11]

Ao longo de 1822, contudo, mal-entendidos entre as elites portuguesas e brasileiras levaram ao surgimento de suas con-

7 CARDOSO. *A Revolução Liberal de 1820.*

8 CARVALHO; BASTOS; BASILE. *Guerra literária,* p. 11-41.

9 SILVA. *Liberalismo e separatismo no Brasil: 1821-1823.*

10 GUERRA; LEMPÉRIÈRE. *Los espacios públicos en Iberoamérica.*

11 NEVES. *Corcundas e Constitucionais,* p. 229-230.

tradições. Os desentendimentos ampliavam-se à medida que as estrondosas novidades políticas que chegavam em cada Reino tornavam-se desencontradas e nem sempre respondiam aos acontecimentos que se sucediam. Desse modo, as propostas tanto das Cortes de Lisboa quanto do governo do Rio de Janeiro, causavam ruído. Parecia uma conversa de surdos, pois nunca as notícias chegavam a tempo para resolver as pendências e intrigas. E, assim, um clima de crescente animosidade estabeleceu-se entre portugueses e brasileiros, aliado às medidas intransigentes das Cortes de Lisboa. Como resultado, o constitucionalismo converteu-se em separatismo.

Um desses acontecimentos refere-se à adoção de algumas medidas em relação ao Brasil, em setembro de 1821, por parte das Cortes de Lisboa, que despertaram a insatisfação das elites políticas do Reino do Brasil. Se, em carta a seu pai, datada de junho de 1821, D. Pedro reconhecia "o triste e lastimável estado a que está reduzida" a província do Rio de Janeiro, cujas finanças tinham ficado dilapidadas depois que a "sede da monarquia reverteu ao seu primitivo e antiquíssimo berço e todas as províncias, como deviam, aderiram à causa nacional", pedia a João VI que lhe dispensasse "deste emprego",[12] desconhecia o que se passava nas discussões do Soberano Congresso português, mudando de atitude, após a chegada dos Decretos estabelecidos por este órgão em 29 de setembro. Estes determinavam que as juntas eleitas nas províncias, às quais competia a autoridade e jurisdição na parte civil, econômica, administrativa e de polícia, ficassem diretamente subordinadas a Lisboa. Além disso, as Cortes criavam o cargo de governador das Armas em cada província, sujeito ao governo

12 Carta de D. Pedro a seu pai. IPANEMA. *D. Pedro I. Proclamações, cartas e artigos de imprensa*, p. 231-235.

do Reino. Tais medidas, que tornava supérfluo e dispendioso o governo do príncipe regente no Rio de Janeiro, vinham acompanhadas pela decisão unânime – que não encontrou resistência nem mesmo nas bancadas pernambucana e fluminense, já assentadas no Congresso – de remover d. Pedro do Brasil.

Chegadas ao Rio de Janeiro em 9 de dezembro de 1821, ou seja, mais de dois meses após seu estabelecimento no Congresso lisbonense, as notícias foram estampadas no jornal *Gazeta do Rio de Janeiro* dois dias depois, provocando um clamor geral. Ainda no mesmo mês, veio à luz o folheto *Despertador Brasiliense*,[13] que informava a grande e ampla fermentação dos ânimos entre os habitantes da cidade e que previa a possibilidade de inúmeras desordens, caso se confirmasse a medida. Na mesma época, o "Fiel da Nação", pseudônimo de José da Silva Lisboa, na *Reclamação do Brasil*, ainda que continuasse defendendo uma união de todos os portugueses dos dois lados do Atlântico, pedia ao príncipe que não abandonasse o Brasil, emprestando seu amparo, com "mão vigorosa", de modo a evitar a queda do Império brasílico.[14] No Rio de Janeiro, em São Paulo e Minas Gerais, surgiram ainda outras representações, todas solicitando a permanência do príncipe regente no Brasil. Na Corte, o movimento realizou-se por meio de diferentes iniciativas: a de José Joaquim da Rocha e José Mariano de Azeredo Coutinho, em nome do Clube da Resistência, mais uma das inúmeras instâncias de sociabilidade surgidas após 1820, que pretendia agir a fim de

13 *Despertador Brasiliense*. Rio de Janeiro: Tip. Nacional, 1821.

14 FIEL DA NAÇÃO. *Reclamação do Brasil*. Rio de Janeiro: Imp. Nacional, 1822. parte 1, p. 1.

evitar a volta de d. Pedro a Portugal.[15] José Clemente Pereira, presidente do Senado da Câmara do Rio de Janeiro, e outros, temendo a reação da Divisão Auxiliadora Portuguesa, aquartelada na cidade e favorável às decisões de Lisboa, sugeriram que se solicitasse a imediata cooperação dos governos provisórios de Minas Gerais e de São Paulo. Um Manifesto foi então elaborado, em nome do povo do Rio de Janeiro, expondo os motivos para sustar a execução do decreto das Cortes. Entre seus argumentos, apontava os perigos, que o regresso do príncipe resultaria, sendo uma atitude funesta aos interesses nacionais de ambos os hemisférios. O Brasil ficaria exposto, de um lado, à perda de sua segurança e prosperidade e, de outro, à possibilidade de fazer-se a sua "emancipação", revelando-se ambas as alternativas também indesejáveis para Portugal. Como esta não era a vontade do povo, as províncias, representadas por seus deputados em torno do príncipe regente, formariam uma liga de interesses comuns, destinada a estreitar os vínculos de fraternidade entre Portugal e Brasil. Seguiam-se, ao final, oito mil assinaturas, um número expressivo numa cidade com cerca de 100 mil habitantes, a maioria iletrados.[16] Em 8 de janeiro de 1822, a *Gazeta do Rio de Janeiro* publicou ainda, com autorização de d. Pedro, a enérgica representação da província de São Paulo, na qual se denunciavam as Cortes de Lisboa como um pequeno grupo de incompetentes, defendendo-se a permanência de d. Pedro, não só para o

15 Para o Clube da Resistência, ver DRUMOND. Anotações à sua biographia, p. 16 e 28.

16 *Manifesto do povo do Rio de Janeiro sobre a rezidencia de S. A. Real no Brasil, dirigido ao Senado da Câmara*. Rio de Janeiro: Tip. Nacional, [1822]. Sem numeração de páginas.

bem geral do Brasil, mas também para a independência e futura prosperidade de Portugal.[17]

No dia 9 de janeiro, configurava-se a resposta de D. Pedro, publicada oficialmente no dia seguinte, cujas palavras ficaram famosas: "Como é para o bem de todos e felicidade geral da nação estou pronto; diga ao povo que fico". A atitude do jovem príncipe foi de rebeldia, pois não aceitou submeter-se a um poder legislativo que se configurava como acima do executivo. Escolheu a opção de construir uma monarquia mais próxima de suas concepções no Brasil, em sintonia com o modelo proposto pela elite coimbrã – elite que passara pela Universidade de Coimbra, tinha experiência administrativa e dispunha tanto de capital social e cultural, quanto econômico. Crítica do Antigo Regime, temia, no entanto, qualquer proposta de mudança que lembrasse os ideais da Revolução Francesa. Herdeira das Luzes ibéricas, guiava-se por um ideal reformista, de cunho pedagógico, que pretendia promover a felicidade do maior número e, ao mesmo tempo, evitar qualquer abalo na ordem vigente, em que a soberania residia principalmente no rei.[18] Significava uma desobediência às Cortes e a seu pai, mas ainda não representava um comprometimento total do Príncipe Regente com a independência do Brasil.

Quando as estrondosas novidades aportaram no outro lado do Atlântico, no começo de abril, provocaram reações imediatas de oposição, tanto das Cortes, quanto da imprensa portuguesa. Uma vez mais a defasagem de tempo provocava rumores. Para os portugueses, o Brasil constituía parte integrante de um

---

17 *Gazeta do Rio de Janeiro*. Rio de Janeiro, suplemento ao nº 4, 8 janeiro 1822.

18 CARVALHO. *A construção da ordem*, p. 51-70; BARMAN. *Brazil*, p. 65-96; NEVES. *Op. Cit.*, p. 86-88.

poderoso Império, agora sob a tutela de um governo liberal e justo; para os brasileiros, a união significava a formação de um Império indissolúvel, composto, porém, de dois Reinos distintos, que teriam direitos e deveres recíprocos.

Ocorria uma guerra, "mais de pena, que de língua ou de espada", segundo a *Carta do Sacristão de Tambi ao estudante Constitucional do Rio,*[19] que virava muitas vezes algaravia desencontrada por conta do inevitável descompasso que a lenta comunicação por meio do Atlântico causava às notícias. A resposta contra as atitudes do Rio de Janeiro manifestou-se por escrito, não só contra a insubordinação de d. Pedro frente às Cortes, como também contra os "subversivos impressos" que circulavam e que demonstravam "a existência de uma facção que de antemão preparava a separação do Brasil". Se, como príncipe regente, d. Pedro desacatava as ordens e medidas do soberano Congresso, transformava-se em um anticonstitucional, com projetos de fazer reverter até mesmo Portugal ao Antigo Regime. "A intriga está derramada no Brasil; e brevemente grassará em Portugal [...], sublevando partidos contra a Constituição", exclamava o "Ditador brasílico" em um folheto intitulado *Diálogo crítico acerca dos acontecimentos políticos do Rio de Janeiro*. Em tom jocoso, o "Ditador brasílico" afirmava que seduzira para seu partido "alguns revolucionários de São Paulo" e outros "homens incautos desta província e da de Minas Gerais", realizando a grande façanha de acusar "o Congresso de injusto em seus decretos". Com a instalação do governo das Cortes, no entanto, "gozariam os brasileiros dos mesmos direitos, que os habitantes de Portugal". Mas se Portugal consentisse que o "Ditador brasílico" prosseguisse em seus "loucos projetos", seria

19 Publicada em *Revérbero Constitucional Fluminense*. Rio de Janeiro, nº 9, 8 janeiro 1822.

"nos horrorosos atentados da escravatura no Brasil", que iria encontrar sua punição.[20]

O "amigo da união do Brasil", autor de outro panfleto já citado, atacava violentamente as publicações que mais contribuíram para o êxito dos acontecimentos de janeiro no Brasil, ou seja, *A Malagueta*, o *Despertador Brasiliense* e a *Representação dos Paulistas*. Os dois primeiros, o escrito considerava como "incendiários impressos" que vieram à luz como fruto do ressentimento dos redatores dos jornais, que haviam perdido o emprego nas repartições públicas. Mas é sobre a *Representação dos Paulistas*, esse "delirante documento da mais estúpida insânia da mais audaciosa ambição", que concentrava sua atenção, rebatendo-a ponto por ponto. Para ele, "a aristocracia, o corcundismo e o servilismo" moviam os "doze apóstolos da Independência em São Paulo". Indignava-se com a afirmação desses "anarquistas e servis" de que "as Cortes querem consolidar no Brasil o antigo sistema colonial". De seu ponto de vista, tratava-se de um absurdo. O Congresso havia dado direito de representação aos brasileiros, prometendo estender ao Brasil a mesma Constituição a ser estabelecida para Portugal, garantido a liberdade civil, a liberdade de imprensa, o direito de petição e a liberdade de comércio. A perspectiva dos portugueses era que finda a opressão colonial com a introdução dos direitos constitucionais, toda e qualquer reclamação contra a política das Cortes só poderia

20 Primeira citação em Lisboa. *Astro da Lusitânia*. Lisboa, nº 53, 15 abril 1822. Demais citações: *Diálogo crítico á cerca dos acontecimentos políticos do Rio de Janeiro, no dia 12 de janeiro de 1822, entre o dictador brazilico (Bem conhecido por Mano Zé), Macedo, Airosa e Sancho Pança, reunidos no Campo de Santana*. Lisboa: Imp. de João Baptista Morando, 1822, p. 1, 5-6, 11-12, 21-22.

estar fundada no intuito de resguardar privilégios oriundos do Antigo Regime.[21] Dessa forma, não se admitia que os protestos do Brasil, materializados nas atitudes e decisões de janeiro, pudessem constituir a expressão de pretensões e interesses próprios e autênticos. Transformavam-se numa conspiração contra o sistema liberal e numa rebeldia contra as Cortes portuguesas, liderada pelo próprio d. Pedro. Da mesma forma, as Cortes de Lisboa tomavam uma série de decisões contra a permanência de D. Pedro no Brasil. Afinal, enquanto ele permanecesse na América, segundo o deputado português Ferreira Moura, os áulicos do Palácio de São Cristóvão poderiam aconselhá-lo a conservar a corte no Rio de Janeiro, transferindo-se novamente a sede da monarquia.[22]

Apesar do descompasso, as ideias circulavam entre os diferentes espaços. O panfleto *A todos os periodistas* foi publicado em Portugal, em junho de 1822.[23] O *Correio Braziliense*, em Londres, redigia na edição 28, de janeiro de 1822, uma análise crítica sobre o panfleto. A edição, apesar de ser datada do mês de janeiro, era escrita ao longo dos quatro primeiros meses do ano.[24] Pautava-se essencialmente nas críticas à Representação dos Paulistas, a quem o panfleto chamava de "hipócritas, publicistas fofos, loucos, infunados, pedantes, frenéticos, insolentes Paulistanos e todos os mais termos oprobiosos que a Língua Portuguesa pode ministrar". Hipólito, por fim, afirmava que, apesar das injúrias e difamações desse escrito, o "Brasil esta[va]

21 AMIGO DA UNIÃO. *Op. Cit.*, p. 1.

22 *Diário das Cortes Portuguesas,* sessão de 21 de maio de 1822, p. 205 e de 22 de maio, p. 229.

23 *Diário do Governo*. Lisboa, suplemento nº 32, 12 junho1822.

24 *Correio Braziliense*. Londres, nº 28, janeiro1822, p. 594-596.

respondendo por nós". Ficava claro que o periodista já tinha conhecimento sobre o Dia do Fico. No Rio de Janeiro, o panfleto foi reimpresso na Tipografia de Moreira e Garcez, no mesmo ano. Ainda em junho de 1822, o jornal *O Macaco Brasileiro*, em três de seus números, fazia uma longa e dura crítica ao escrito.[25] Nesse sentido, ainda que descompassadas no tempo, as notícias circulavam entre os diversos pontos do Atlântico.

Daquele momento em diante, contraposta à lentidão das comunicações por meio do oceano, a velocidade das decisões tomadas no Brasil e em Portugal só fez aprofundar o crescente mal-entendido entre as duas partes do império. De um lado, as críticas nas Cortes de Lisboa se acumulavam contra os procedimentos da Junta de São Paulo e dos últimos atos do príncipe regente; de outro, os escritos de circunstâncias se avolumavam. Entre junho e julho, os debates do Congresso cada vez mais tendiam à censura do que se passava no Brasil, chamando a atenção para as tendências despóticas que os atos de D. Pedro manifestavam. Assim, paradoxalmente, as atitudes que, no lado de cá, apareciam como demonstração do constitucionalismo do príncipe regente, do lado de lá, revelavam unicamente tendências anticonstitucionais.[26]

Naquele mesmo período, os acontecimentos no Rio de Janeiro precipitavam-se. A partir de abril de 1822, lançavam-se os primeiros sinais a favor da Independência, especialmente, no

25 *O Macaco Brasileiro*. Rio de Janeiro, nº 2, nº 3 e nº 4, 1822. Por seus comentários no jornal, apesar de não haver data no mesmo, percebe-se que tais edições foram publicadas ao longo do mês de junho.

26 Ver para as discussões nas Cortes, as sessões de 22 de maio de 1822 e 27 de junho do mesmo ano. Para a visão de que o agravamento das tensões na Cortes de Lisboa ocorreu na virada de 1822, ver MALERBA. *Brasil em projetos*, p. 258-259.

Rio de Janeiro. Somados aos interesses próprios de D. Pedro, inicialmente pouco simpático às Cortes, essas animosidades voltaram a despertar antigas insatisfações dos colonos em relação à metrópole. A atmosfera carregou-se cada vez mais, conduzindo a uma gradual desilusão com a proposta de um único Império.

Em face da incapacidade das Cortes para o diálogo, Joaquim Gonçalves Ledo, líder do grupo brasiliense, que defendia um liberalismo mais radical,[27] advogou em seu jornal de 30 de abril – *Revérbero Constitucional Fluminense* – a opção separatista.

> Sim, príncipe, rasguemos o véu dos mistérios, rompa-se a nuvem que encobre o sol, que deve raiar na esfera do Brasil. Eleva, eleva o templo da Liberdade brasileira; forme-se nele o livro da lei, que nos deve reger, e sobre as bases já por nós juradas, em grande pompa seja conduzido e depositado sobre as aras do Deus de nossos pais, [...] o Deus dos cristãos, a *Constituição Brasílica*, eis os nossos votos, eis os votos de todos os bons brasileiros ... [28]

Ao mesmo tempo, a necessidade da constituição de um corpo legislativo em território brasileiro, paralelo às Cortes de Lisboa, legitimava-se por meio de escritos de época, fosse na imprensa, fosse nos panfletos políticos, fosse nas discussões entre os membros da elite brasiliense. Os jornais defendiam uma deputação de todas as províncias reunida no Rio de Janeiro. O panfleto *Carta do Sacristão de Tambi sobre a necessidade de Cortes*

---

27 Para outra postura sobre Gonçalves Ledo, ver OLIVEIRA. *A Astúcia liberal.*

28 *Revérbero Constitucional Fluminense*. Rio de Janeiro, nº 25, 30 abril 1822.

no Brasil afirmava que era "absolutamente indispensável" a existência do poder legislativo no Brasil. Somente este instrumento podia derramar "sobre suas feridas um bálsamo consolador e vivificante", capaz de servir de "guia no meio da escura cerração da tempestade".[29] Mesmo Hipólito da Costa, um dos representantes da elite coimbrã, defendia que a representação em Cortes no Brasil era o único meio de salvá-lo do "perigo iminente, a que os erros das Cortes de Lisboa, sem dúvida o conduziam".[30] Tais novidades proclamadas pelo *Correio Braziliense* só chegaram ao Brasil, em maio, quando foram transcritas no *Reverbero Constitucional Fluminense*.[31]

Em 23 de maio de 1822, José Clemente Pereira, presidente do Senado do Rio de Janeiro, encaminhava a D. Pedro uma representação solicitando a convocação de uma Assembleia Brasílica. Tal representação fora legitimada pela vontade popular, pois contava com cerca de 3000 assinaturas de indivíduos que se fizeram presentes à Tipografia de Silva Porto, nos dias 21 e 22 de maio para ler e demonstrar seu apoio à solicitação.[32] Acatada por D. Pedro em 3 de junho, a medida ainda não pretendia ser fator decisivo de ruptura, mas sim instrumento que visava a evitar o esfacelamento do Brasil, ao assegurar um centro comum de poder. No entanto, não foi essa a visão de Portugal.

29 *Carta do Sacristão de Tambi sobre a necessidade da reunião de Cortes no Brasil.* Rio de Janeiro: Tip. Silva Porto & Ca, 1822, p. 2-3. O panfleto foi colocado à venda no Rio de Janeiro em março de 1822.

30 *Correio Braziliense.* Londres, nº 28, abril 1822, p. 443.

31 *Revérbero Constitucional Fluminense.* Rio de Janeiro, nº 1 Extraordinário, 12 maio 1822.

32 Arquivo Nacional do Rio de Janeiro. Códice 2. Representação do Senado da Câmara do Rio de Janeiro pedindo a convocação de uma Assembleia Legislativa, 20 maio 1822.

Quando lá chegaram, em finais de agosto, as notícias da convocação de Cortes no Brasil, a repercussão foi intensa tanto junto ao Congresso quanto à imprensa portuguesa. Para as Cortes, devia-se deter os perigos que ameaçavam o Reino Unido. Em sua visão, propagava-se um espírito de independência, sobretudo, nas regiões de São Paulo, Rio de Janeiro e Minas Gerais, mas não em todo o Reino, pois os papeis incendiários publicados no Rio de Janeiro, não são aceitos em muitas províncias do Reino. Na visão do deputado Pereira do Carmo, os acontecimentos políticos do Rio de Janeiro reduziam-se a dois pontos: "desdenhar de Portugal", a quem consideravam "a desprezível província da Europa" e "engrandecer o Brasil", a quem dão o nome de "Império dos trópicos, Pátria do ouro e diamantes".[33] Indagava-se ainda quem havia convocado as Cortes: o "povo unido" ou o "Príncipe Real".[34] A imprensa portuguesa proclamava que o Brasil caminhava para a independência enquanto Portugal dormia.[35] Deve-se assinalar que nem todos os deputados que representavam o Brasil colocaram-se contrários às críticas e novas medidas do Congresso Lisbonense. Em geral, somente alguns deputados de São Paulo, da Bahia e de Pernambuco, como, por exemplo, Antônio Carlos Ribeiro de Andrada, Diogo Antônio Feijó, José Lino Coutinho, Cipriano Barata e Muniz Tavares defenderam tanto as proclamações da Junta de São Paulo quanto os atos do Príncipe Regente.

Em meio a tais discussões nas Cortes sobre os atos de rebeldia do Brasil, bem como o envio de tropas militares para a

---

33 *Diário das Cortes Portuguesas,* sessão de 30 de agosto de 1822, p. 286-287.

34 *Diário das Cortes Portuguesas,* sessão de 20 de setembro de 1822, p. 509.

35 Para a visão da imprensa de Portugal, cf. ALEXANDRE. *Os sentidos do império,* p. 697-699.

Bahia, que se mantinha fiel a Lisboa, em julho daquele ano, os acontecimentos se aceleravam. Por decreto de 1º de agosto, D. Pedro definia sua posição em relação a Portugal: declarava como inimigas todas as tropas enviadas pela antiga metrópole, sem o seu próprio conhecimento, justificando sua atitude com a alegação de que as Cortes de Lisboa persistiam "no mesmo errado sistema e, a todas as luzes, injusto, de recolonizar o Brasil, ainda à força de armas, apesar de o mesmo já ter proclamado a sua independência política" e convocado uma Assembleia Brasílica. Apesar de contraditório, o decreto assegurava a manutenção de relações comerciais amigáveis entre os dois Reinos, "para a conservação da união política, que muito desejo manter". Dessa forma, vislumbrava-se um dos conceitos de Independência: representava a autonomia política, mas não implicava obrigatoriamente na separação total de Portugal, até porque quem a decretava era o herdeiro natural da coroa portuguesa.[36]

As discordâncias não ocorriam apenas no antigo Reino. Na Bahia, no Maranhão e no Pará, inúmeras críticas se levantavam contra os últimos atos de D. Pedro, uma vez que eram partidários das Cortes de Lisboa. A imprensa baiana manifestava-se. O *Analysador Constitucional* elaborou uma minuciosa análise do decreto de 1º de agosto, identificando neste documento apenas o despotismo e a rebeldia do príncipe regente. Afirmava que D. Pedro divulgava tal documento apenas para que a Europa ficasse sabendo o que poderia esperar "de um tal rapazinho, se não tivessem os portugueses um governo constitucional". Proclamava que o regente incitava o temor de uma guerra civil em torno da

36 BRASIL. *Decreto declarando inimigas as tropas mandadas de Portugal sem consentimento de S. A. R., e dando providências para o caso de violências*. [Rio de Janeiro]: Imprensa Nacional, [1822].

sucessão do trono português. "E como devem as Cortes olhar para isto? Decida o mundo". Criticava ainda a declaração de independência contida no decreto, pois não tinha fundamento legal, uma vez que nem todas as províncias haviam aderido ao Rio de Janeiro.[37]

Justificando sua conduta perante os luso-brasileiros e os demais Estados estrangeiros, D. Pedro lançou dois manifestos – o *Manifesto aos Povos do Brasil*, redigido em 1º de agosto por Joaquim Gonçalves Ledo, e o *Manifesto às Nações Amigas*, escrito em 6 de agosto por José Bonifácio. Ambos os documentos assumiam a separação como fato consumado, atribuindo ao despotismo das Cortes o rumo dos acontecimentos. No entanto, se para o primeiro *Manifesto*, esses atos eram irreversíveis, apelando para o sentimento popular a fim de garantir a integridade territorial do país, o segundo continuava hesitando em descartar o projeto de uma monarquia dual.[38]

Daí, por diante, a situação de D. Pedro tornou-se privilegiada, ao menos, no sudeste do Brasil, frente às medidas cada vez mais desencontradas vindas de Portugal. Se as Cortes de Lisboa não podiam abdicar da situação de supremo órgão legislativo que lhes atribuía o ideário liberal, nem do projeto de assegurar a hegemonia de Portugal no interior do império, respondendo com atitudes intransigentes a cada iniciativa do governo do Rio de Janeiro, este não abria mão de seus privilégios, alcançados desde a vida da família Real em 1808.

---

37 *Analysador Constitucional*. Salvador, nº 15, 23 agosto 1822.

38 BRASIL. *Manifesto de S. A R. o Príncipe Regente Constitucional e defensor perpétuo do reino do Brasil aos Povos deste Reino*. Rio de Janeiro: Imprensa Nacional, 1822; BRASIL. *Manifesto do Príncipe Regente do Brasil aos governos e nações amigas*. Rio de Janeiro: Imprensa Nacional, 1822.

Portanto, quando em Sete de Setembro, o regente proclamou o célebre *Grito do Ipiranga*, a Independência de parte do Brasil já era uma realidade. Este episódio, aliás, não teve um significado especial, não sendo sequer noticiado pela imprensa da época, exceto por um breve comentário no jornal fluminense *O Espelho*, datado de 20 de setembro.[39] Comemorado como data nacional, o ato precisava ser oficializado, o que ocorreu com a proclamação de D. Pedro como imperador constitucional do Brasil, em 12 de outubro de 1822.[40]

E o que acontecia paralelamente nas Cortes de Lisboa? As discussões giravam em torno das "folhas ensopadas no fel da calúnia, que o partido assassino do Rio publica" para incitar a opinião dos povos contra Portugal e levar adiante seus intentos tresloucados. Alguns deputados, como Borges Carneiro, ainda acreditavam que o envio de tropas para Bahia, Pernambuco e Rio de Janeiro poderia apaziguar a situação, acreditando-se em um retorno ao Império português dessas províncias rebeldes. Em verdade, não se acreditava na ruptura total entre os reinos irmãos.[41]

Algumas vozes dos representantes do reino do Brasil clamavam no Congresso contra a tirania dos deputados portugueses.

---

39 O decreto de 21 de dezembro de 1822 não incluiu o 7 de setembro como dia de gala, mas sim o 12 de outubro e o 1º de dezembro, cf. NOGUEIRA. *Obra política de José Bonifácio*, p. 115-6. Somente em 5 de setembro de 1823, por uma resolução da Assembleia Constituinte, determinou-se que o 7 de setembro fosse considerado dia de festa nacional. Ver, ainda, para a questão do Sete de Setembro: OLIVEIRA. *O espetáculo do Ipiranga*, p. 195-208; NEVES. *A "guerra de penas"*, p. 63-66; KRAAY. *A invenção do Sete de Setembro*, 52-61.

40 SOUZA. *Pátria Coroada*; NEVES. *Corcundas e constitucionais*, p. 379-386.

41 *Diário das Cortes Portuguesas,* sessão de 30 de agosto de 1822, p. 287-288. Para a segunda citação, p. 291.

Eram muito poucos. Por exemplo, uma linguagem mais violenta foi utilizada por Cipriano Barata de Almeida, deputado pela Bahia, que afirmava como origem do poder de D. Pedro não a delegação dada por D. João VI, mas sim da "legítima autoridade do povo, transferido [sic] a Sua Alteza Real pela nova revolução", em andamento no Brasil. Insistia que as Cortes deviam temem as reações de D. Pedro. Em resposta às retaliações de Portugal, o príncipe regente poderia mandar fechar os portos do Reino do Brasil, podendo mesmo suspender todo o comércio com Portugal.[42]

Os próprios deputados portugueses continuavam a discutir até o final de setembro qual devia ser a atitude de Portugal em relação ao Brasil, ou melhor, ao Príncipe D. Pedro. Não se tratava apenas de perder uma das províncias do Império português, mas sim, dos atos do herdeiro da Coroa de Portugal, quando da morte de D. João VI. Em sua voz rebelde, o regente chamava a Portugal "um estado de quarta ordem", logo, dependente. Sugeria que seu pai fosse para o Rio de Janeiro, junto com o "mano Miguel" para se casar com sua filha Maria da Glória. Levantava-se, novamente, o espectro da transferência da família real para as Américas. Ponto mais sensível e fundamental para a maior parte dos deputados portugueses, que não admitiam de forma alguma uma nova sujeição de Portugal no interior do Império. Daí, a dura resposta das Cortes em exigir o retorno do príncipe no decorrer ainda de 1822, sob pena de perder os seus direitos ao trono português.[43]

Ignorava-se ainda por completo o que se passava no Reino do Brasil. O grito do Ipiranga, as eleições para a Assembleia

---

42 *Diário das Cortes Portuguesas*, sessão de 20 de setembro de 1822, p. 513. Cf. também ALEXANDRE. *Op. Cit.*, p. 706-708.

43 ALEXANDRE. *Op. Cit.*, p. 711.

de 1823, a preparação para a aclamação de D. Pedro como Imperador constitucional do Brasil se, possibilitavam a construção no imaginário político dos povos, outrora irmãos, da ideia de um Império autônomo em terras americanas, em Portugal, pela distância e defasagem de notícias, não faziam eco na insistência em se fazer jurar e assinar a Constituição portuguesa promulgada pelas Cortes em setembro de 1822. Naquele instrumento, o Brasil transformava-se em uma província do grande Império português. Assim, em 23 de setembro, ocorria a assinatura da Constituição de Portugal, em que se fizeram presentes vários deputados representantes do Brasil. Apenas 10 deputados não assinaram a Constituição, alguns como Pinto da França e Belford, pretendiam assiná-la em seguida, alegando atraso no correio para a convocação dos deputados. Em 30 de setembro, jurava-se a Constituição, sendo que, naquele momento, 15 deputados do Brasil não o fizeram. Agora, não por saberem do que se passava no lado de cá do Atlântico, mas por não concordarem com o seu teor. Tanto que, alguns dentre eles, como Antônio Carlos de Andrada, Diogo Feijó, José Ricardo da Costa Aguiar, Antônio da Silva Bueno (deputados por São Paulo) e Cipriano Barata, Francisco Agostinho Gomes e José Lino Coutinho (deputados pela Bahia), retiraram-se clandestinamente de Lisboa, com destino à Inglaterra, com medo de retaliações do povo português a suas vidas.

Os desencontros continuavam. Em 1823, reunia-se a Assembleia Constituinte e Legislativa do Brasil ao mesmo tempo em que as Cortes Ordinárias de Portugal. Se, muitas províncias realizavam eleições de seus representantes para atuarem no Rio de Janeiro, outras, como o Maranhão, escolhiam seus deputados a fim de se fazerem representar nas Cortes ordinárias de Portugal. Por conseguinte, se não se pode afirmar que o "intervalo do oceano" foi a razão primordial da transformação das linguagens políticas do constitucionalismo naquelas do separatismo, é preciso levar em conta tal distância, naquele processo histórico, em que ideias, acontecimentos e conceitos se precipitavam numa solução complexa. Os discursos oficiais e os escritos de circunstâncias iam e voltavam nesse imenso espaço, o Oceano Atlântico, que separava Brasil de Portugal. Resultado dessas contradições, o Império do Brasil construiu-se, em meio, a debates e percepções das personagens de época, revelando que esse hiato possibilitou distintas e interessantes visões de Independências, que até hoje se fazem presentes nos estudos sobre a separação de Brasil de Portugal.

Referências bibliográficas

ALEXANDRE, Valentim. *Os sentidos do império*: questão nacional e questão colonial na crise do Antigo Regime português. Porto: Afrontamento, 1993.

BARMAN, Roderick. *Brazil*: the Forging of a Nation. Stanford: Stanford University Press, 1988.

CARDOSO, José Luís. *A Revolução Liberal de 1820* [*The Liberal Revolution of 1820*]. Lisboa: Clube do Colecionador dos Correios, 2019.

CARVALHO, José Murilo. *A construção da ordem*: a elite política imperial. Rio de Janeiro: Campus, 1980.

CARVALHO, José Murilo de, BASTOS, Lucia; BASILE, Marcello. *Guerra literária*. Panfletos da Independência (1820-123). Belo Horizonte: Ed. da UFMG, 2014. 4v.

DRUMOND, Antonio de Menezes Vasconcelos de. Anotações à sua biographia. *Anais da Biblioteca Nacional*. v. 13, Rio de Janeiro, 1885-1886.

FRAGOSO, João Fragoso e MONTEIRO, Nuno Gonçalo Monteiro (orgs.). *Um reino e suas repúblicas no Atlântico.* Comunicações políticas entre Portugal, Brasil e Angola nos séculos XVI e XVII. Rio de Janeiro: Civilização Brasileira, 2017.

GUERRA François-Xavier; LEMPÉRIÈRE, Annick *et alii. Los espacios públicos en Iberoamérica. Ambigüedades y problemas.* Siglos XVIII-XIX. Mexico: Fondo de Cultura Económica, 2013. Disponível em https://books.openedition.org/cemca/1450. Acesso em 02 abril 2022.

KRAAY, Hendrik. A invenção do Sete de Setembro, 1822-1831. *Almanack Brasiliense.* São Paulo, nº 11, maio 2010, p. 52-61. Disponível em file:///C:/Users/lb/Downloads/11738-Texto%20do%20artigo-14619-1-10-20120513.pdf. Acesso em 28 dezembro 2021.

KOSELLECK, Reinhart. *Futuro Passado.* Contribuição à semântica dos tempos modernos. Rio de Janeiro: Contaponto/PUC Rio, 2006.

IPANEMA, Cybelle (texto e notas). *D. Pedro I. Proclamações, cartas e artigos de imprensa.* Rio de Janeiro: Imprensa Nacional, 1973.

MALERBA, Jurandir. *Brasil em projetos.* História dos sucessos políticos e planos de melhoramentos do reino. Da ilustração portuguesa à independência do Brasil. Rio de Janeiro: FGV Editora, 2020.

NEVES, Lucia Maria Bastos P. A "guerra de penas": os impressos políticos e a independência do Brasil. *Tempo*: Niterói, v. 4, nº 8, p. 41-66, dezembro 1999. Disponível em https://www.historia.uff.br/tempo/sumarios_res2.php?tp=dosing&cd_prtd=33&pg=2&cod =8&cod_d=5#21. Acesso em 10 janeiro 2022.

NEVES, Lucia Maria Bastos P. *Corcundas e Constitucionais*: a cultura política da Independência (1820-1822). Rio de Janeiro: FAPERJ/Revan, 2003.

NOGUEIRA, Octaciano (org.). *Obra política de José Bonifácio*. Brasília: Senado Federal, 1973, v. 1.

OLIVEIRA, Cecília Helena Salles de. O espetáculo do Ipiranga: reflexões preliminares sobre o imaginário da Independência. *Anais do Museu Paulista*. São Paulo, v. 3, nº 1, p. 195-208, jan-dez. 1995. Disponível em: https://www.revistas.usp.br/anaismp/article/view/5322. Acesso em 03 janeiro 2022.

OLIVEIRA, Cecília Helena Salles de. *A Astúcia liberal*. Relações de mercado e projetos políticos no Rio de Janeiro, 1820-1824. 2ª ed. São Paulo: entr[H]istoria/Intermeios/Capes, 2020.

POCOCK J. G. A. *Linguagens do Ideário Político*. São Paulo: EDUSP, 2003.

SILVA, Maria Beatriz Nizza da. *Liberalismo e separatismo no Brasil*: 1821-1823. Lisboa: Centro de História da Cultura da Universidade Nova de Lisboa, 1986 (Separata).

SOUZA, Iara Lis C. *Pátria Coroada*: o Brasil como corpo autônomo, 1780-1831. São Paulo, Unesp, 1999.

Sobre a autora

Lucia M. Bastos P. Neves. Doutora em História Social pela Universidade de São Paulo. Professora titular de História Moderna da Universidade do Estado do Rio de Janeiro (Uerj). Sócia titular do Instituto Histórico e Geográfico Brasileiro (IHGB). Pesquisadora do Conselho Nacional de Desenvolvimento Científico e Tecnológico (CNPq), da Fundação Carlos Chagas Filho de Amparo à Pesquisa do Estado do Rio de Janeiro (Faperj) e do Programa Pró-ciência da Uerj. Investigadora colaboradora do Centro de História da Universidade de Lisboa. Entre suas publicações, destacam-se

Corcundas e constitucionais: a cultura política da Independência (Faperj/Contratempo, 2003) e *Napoleão Bonaparte: imaginário e política em Portugal* (*c. 1808–1810*) (Alameda Editorial, 2008). Coorganizadora de várias coletâneas, entre as quais *Guerra literária. Panfletos da Independência* (*1820–1823*) (2014), com José Murilo de Carvalho e Marcello Basile, e *Oliveira Lima e a longa História da Inde-pendência* (2021), com André Heráclio do Rêgo e Lucia Guimarães. Integra o Laboratório Redes. Suas áreas de pesquisa voltam-se para as Independências, a questão das linguagens políticas no mundo luso-brasileiro no início do Oitocentos e a história da circulação das ideias entre Portugal, Brasil e França nas primeiras décadas do século XIX.

Participação política e circulação de ideias: Teodoro José Biancardi e a "causa do Brasil"

Marieta Pinheiro de Carvalho

Já é notória na historiografia a relação entre letrados e monarquia portuguesa, no período compreendido entre finais do século XVIII e início do XIX. A geração formada na Universidade de Coimbra aprendeu a adquirir um compromisso com a coroa no sentido de buscar opções de adiantamento do Império português visando inseri-lo na concorrência com os países europeus.[1] Assim se procedeu durante as discussões sobre a problemática da transferência da família real para a América. A hesitação do príncipe regente em tomar tal decisão foi bastante discutida no ambiente de corte, no qual os ilustrados luso-brasileiros atuaram no sentido de apresentar por meio dos seus escritos, possíveis su-

1 DIAS. *Aspectos da Ilustração no Brasil*, p.139; NOVAIS. *O reformismo ilustrado luso-brasileiro*; SILVA. *Inventando a Nação.*

gestões sobre qual a melhor estratégia a ser seguida diante da conjuntura de uma possível invasão das tropas francesas ao Reino.[2]

Os anos de turbulência vividos na Europa e nas Américas durante as primeiras décadas do oitocentos propiciaram a participação política desses homens que se utilizaram da imprensa para expor suas ideias e defender posições de como melhor lidar com os problemas dos seus respectivos países. Ao longo deste texto analisaremos os escritos de Teodoro José Biancardi, bacharel em Letras pela Universidade de Coimbra, que teve uma atuação ativa na imprensa luso-brasileira, com produções que circularam tanto em Portugal quanto na América. Mais propriamente, interessa refletir sobre o seu opúsculo intitulado *Reflexões sobre alguns sucessos do Brasil*; uma espécie de panfleto político destinado a contribuir para os debates sobre a necessidade de permanência do príncipe no Rio de Janeiro, bastante acirrados, sobretudo após os decretos das Cortes de 5 de junho de 1821, que restringiram ainda mais o governo de d. Pedro, obrigando o seu retorno a Portugal. Neste folheto, no qual acrescentou alguns documentos, advogou o que para ele era considerado à época, como a "causa do Brasil".

O exame das ideias de Teodoro Biancardi se justifica pela intenção de perceber como ocorreu a participação efetiva de letrados, formados na Universidade de Coimbra e membros da burocracia joanina, no debate político acontecido no contexto da independência.[3] Biancardi é exem-

2 CARVALHO. *Sou um cidadão ligado aos interesses do Estado*, p.1-23.

3 A atuação de oficiais pertencentes aos quadros da burocracia joanina, no espaço político durante os anos posteriores a 1820 já foi destacada em outros artigos de minha autoria. Ver: CARVALHO. *As palavras exprimem ideias*, p.17-40.

plo típico de um oficial da burocracia luso-brasileira que se "interiorizou" na América:[4] chegou à corte do Rio de Janeiro nos anos de 1816 e anos depois assumiu como oficial da Secretaria de Estado dos Negócios do Brasil; atuou na Secretaria da Assembleia Constituinte (1823); e posteriormente, na Secretaria da Câmara dos Deputados, morrendo em Niterói no ano de 1853.

Antes propriamente de adentrarmos na análise do opúsculo, é preciso conhecer um pouco mais sobre a trajetória desse letrado, cujo perfil é marcado por uma atuação ativa na imprensa portuguesa durante as invasões francesas ao Reino. No seu requerimento solicitando uma vaga para oficial da Secretaria de Estado dos Negócios do Brasil, lá pelos idos de 1816, Biancardi fez questão de lembrar que escreveu em Lisboa por sete anos em "defesa do Augusto Direito de Vossa Majestade, contra os inimigos que invadiram o reino".[5] Seu desempenho no espaço público luso-brasileiro em defesa dos interesses da monarquia também lhe valeu como instrumento de troca para ascensão e obtenção de mercês,[6] algo típico desses letrados luso-brasileiros, que se utilizavam da escrita como busca de mercês.[7]

4 CARVALHO. *Os sentidos da Administração*, p.118-132.

5 Fundação Biblioteca Nacional - Divisão de Manuscritos (doravante FBN-Mss). C-1081,4. *Documentos biográficos*. Teodoro Jose Biancardi.

6 Teodoro José Biancardi após a chegada no Rio de Janeiro obteve vários títulos e ordens honoríficas: hábito da Ordem de Cristo (1819); título do Conselho e Nomeação de Cavaleiro da Ordem Imperial do Cruzeiro (1824); comendador da Ordem de Cristo (1825); comendador da Ordem de Rosa (1829).

7 RAMINELLI. *Viagens ultramarinas*, p.259-288.

Biancardi e seus escritos durante a Guerra Peninsular

Teodoro José Biancardi nasceu em Lisboa em 1777, concluiu seus estudos na Universidade de Coimbra em fins do século XVIII, com formação em bacharel em Leis. Quando a corte portuguesa se transferiu para a América em 1807, continuou em Portugal, onde atuou ativamente no cenário político e literário, por meio de diversas editorações. Suas produções se inserem num contexto marcado por uma proliferação da atividade editorial no Reino, caracterizada pelo viés antinapoleônico, contrarrevolucionário, mais propriamente antifrancês. Sobretudo durante os anos de 1808 a 1811, um número elevado de opúsculos foi publicado; boa parte deles com o selo da Impressão Régia, mas também por oficinas privadas e pela Real Imprensa da Universidade de Coimbra. Essa explosão de panfletos antinapoleônicos também ocorreu na Espanha, influenciada pelo contexto português.[8]

Em 1808, Biancardi imprimiu *Sucessos do Alentejo*, obra que realizava uma síntese histórica dos fatos sucedidos na província do Alentejo, durante a restauração do Reino e expulsão do exército francês nesse mesmo ano.[9] No ano seguinte escreveu e publicou às próprias custas[10] *Cartas Americanas*, uma novela composta de 54 missivas, em que mesclando acontecimentos verídicos com ficção, contava a história de um amor proibido entre Plácido e Emília, utilizando como pano de fundo para a narrativa,

8 VICENTE. *Panfletos anti-napoleónicos durante a Guerra Peninsular*, p.101.

9 Silva. *Dicionário Bibliográfico Português*; FBN-Mss. C-1081,4. *Documentos Biográficos.*

10 SOUZA. *Cartas Americanas.*

o contexto da invasão francesa em 1807 e a conseguinte restauração do Reino.[11] Em 28 de abril desse mesmo ano, a *Gazeta de Lisboa* divulgava a obra e os locais aonde poderia ser adquirida:

> Saiu a luz uma obra intitulada Cartas Americanas, publicadas por Teodoro José Biancardi. O autor tomando Montesquieu por modelo serviu-se da forma de Romance para ter um fio, com que prendesse os diferentes assuntos que se propunha escrever, e que são entre outros, luxo, escravidão, modas, educação das mulheres, Teatros, jogo, demandas, influência das Artes e Ciências nos costumes dos povos, e por ultimo, o Governo e Administração dos Franceses em Portugal. Vende-se por 400 réis na loja da Impressão Régia, ao Terreiro do Paço; na da Gazeta; da de Carvalho; aos Martyres, e na de Francisco Luiz Leal, em Alcântara.[12]

As notícias da edição desse folhetim chegaram aos leitores da América portuguesa em 1810, por meio da *Gazeta do Rio de Janeiro*, que em sua seção "Avisos" teceu altos elogios à obra: "Novela muito bem escrita se descrevem os usos e costumes de Lisboa, assim como uma narração desde a saída de S.A.R. para o Brasil até o presente, do acontecido na sobredita Capital." O preço de venda era bem mais elevado do que o de Lisboa: 960 réis. *Cartas Americanas* estavam sendo mercadejadas na loja da *Gazeta*, aonde também podiam ser adquiridas outras publicações de Biancardi, como *Sucessos do Alentejo*, por 320 réis, e o *Semanário Lusitano*, "obra mui recomendável pela sua exatidão,

---

11 BIANCARDI. *Cartas Americanas.*

12 *Gazeta de Lisboa*. Lisboa, 28 de abril de 1809, *apud* SOUZA. Cartas Americanas.

por 1600 réis".[13] Na edição de 24 de março de 1813, a *Gazeta do Rio de Janeiro* em sua seção "Avisos" noticiava outro espaço de venda do folhetim: a loja de Paulo Martin.[14]

À semelhança das *Cartas Persas,* de Montesquieu, a quem atribuiu filiação, em *Cartas Americanas* Teodoro Biancardi apresentava uma censura aos costumes e às formas de organização social e política de Portugal, citando outros escritores da época como Voltaire.[15] Tal atitude demonstra sua inserção e conhecimento das produções literárias europeias do contexto da ilustração, e permite incluí-lo como um dos autores que Paul Hazard identificou para demonstrar "a crítica universal".[16]

Aproveitando-se da liberdade de imprensa posta pelos governadores durante a guerra peninsular, se utilizou do espaço público para defender por meio da prensa ideias contrárias a presença francesa no Reino, sendo várias dessas publicações saídas com o selo da Impressão Régia de Lisboa. Data de 1811, a *Resposta ao Manifesto que fez imprimir em Cádiz o tenente-geral d. João Carrafa contra a obra intitulada Sucessos do Alentejo,* e de 1814, a tradução para o português do texto de François René de Chateaubriand, intitulado *De Bounapart e de Bourborns.* Biancardi colaborou com a redação do periódico *Telégrafo Português* (1808-1809), editado por Luiz de Sequeira Oliva e Souza Cabral, bacharel em Direito pela Universidade de

13 *Gazeta do Rio de Janeiro.* Rio de Janeiro, n.56, 14 de julho de 1810.

14 *Gazeta do Rio de Janeiro.* Rio de Janeiro, n.23, 24 de março de 1813.

15 MARTINS. *O passado e o romance.*

16 HAZARD. *O pensamento europeu no século XVIII,* p. 13-21.

Coimbra, com circulação entre uma e duas vezes por semana, também difundido pela Impressão Régia.[17]

Durante esse período, Teodoro Biancardi esteve ainda à frente como redator do *Semanário Lusitano* (1809-1812), o qual posteriormente passou a denominar-se *Mercúrio Lusitano*, cuja circulação decorreu entre 1 de setembro de 1812 a 20 de dezembro de 1815, em um total de 695 edições. Após o término da Guerra em 1812, o *Mercúrio Lusitano* e a *Gazeta de Lisboa* foram os únicos periódicos permitidos pelo governo provisório.[18] Custeado por meio de contribuição pecuniária, o *Mercúrio Lusitano* intentava dar ao leitor um panorama dos acontecimentos políticos e sociais ocorridos na Europa e no Reino. A edição de n.113, de 23 de agosto de 1815, por exemplo, esteve dedicada exclusivamente a trazer notícias, extraídas de jornais franceses, comentando sobre a retirada das tropas e sobre a derrota de Napoleão Bonaparte. Na parte final do jornal, que trazia os comentários do Editor, a temática era de igual conteúdo. Ali, se informou "a partida de Bonaparte para ilha de Santa Helena".[19] A edição seguinte, de n.114, dava continuidade ao assunto, publicando sobre a rotina a ser seguida por Bonaparte no exílio, e as providências do governo francês para conter "o termo das desordens", e efetuar "a restauração da paz e da tranquilidade geral."[20] António Pedro Vicente destaca que o jornal chegou a ser lido e citado na imprensa por folhetos espanhóis, o que demonstra a sua circulação para além do mundo luso-brasileiro.[21]

---

17 SILVA. *História da fundação do Império Brasileiro*, p.174.

18 *Idem.*

19 *Mercúrio Lusitano.* Lisboa, n.112, 23 de agosto de 1815.

20 *Mercúrio Lusitano.* Lisboa, n.113, 28 de agosto de 1815.

21 VICENTE. *Op. Cit.*, p.101.

A chegada ao Rio de Janeiro e os anos de 1820

Teodoro José Biancardi partiu de Lisboa em direção ao Rio de Janeiro após a restauração europeia e o Congresso de Viena. Tão logo ao aportar, começou a pleitear uma vaga para um emprego régio. Em sua representação, a princípio solicitando um lugar de oficial da Secretaria dos Negócios Estrangeiros e da Guerra, alegava a sua formação em Leis na Universidade de Coimbra e os sete anos que escreveu em Lisboa em "defesa do Augusto Direito de Vossa Majestade". O conde da Barca, então secretário dessa pasta, solicitou a sua partida em comissão para Montevidéu. Entretanto, o falecimento do ministro antes da posse do cargo implicou na perda e na necessidade de novos requerimentos. Chegou a encaminhar posteriormente uma carta a Tomás Antônio de Vilanova Portugal, demonstrando seu interesse em ser oficial da Secretaria dos Estrangeiros, mas citava, de igual maneira, a dos Negócios do Reino "para ter a honra, que muito desejo, de trabalhar sempre debaixo das ordens imediatas de Vossa Excelência". Em 1819 foi nomeado oficial dessa Secretaria de Estado.[22]

Os acontecimentos sucedidos após a Revolução do Porto, sobretudo aqueles decorrentes das agitações do ano de 1821, levaram Biancardi a escrever *Reflexões sobre alguns sucessos do Brasil*, que saiu com o selo da Tipografia Nacional em 1821, e da Impressão Régia em 1822. A obra foi citada no jornal *O Espelho* na edição de 4 de fevereiro de 1822, na seção "Correspondência", em carta enviada por Felippe de Mesquita e Souza, com tom elogioso: "graças sejam dadas ao sr. Biancardi, que tão erudito, como imparcial nas suas luminosas *Reflexões acerca de vários*

22 FBN-Mss. C-1081,4. *Documentos biográficos*. Teodoro Jose Biancardi.

sucessos do Brasil, foi o primeiro no Rio de Janeiro que patenteou com judicioso critério o dia 5 de junho"[23] Cerca de um mês antes, o panfleto havia sido divulgado na seção "Obras publicadas" do *Diário do Rio de Janeiro*. Era vendida na loja de Paulo Martin na rua da Quitanda, n.33, por 320 réis, aonde também poderia ser adquirida as suas *Cartas Americanas*.[24] Ter o panfleto mercadejado nesse espaço permitia certa circularidade ao texto, uma vez que Paulo Martin era um dos livreiros mais respeitados da cidade. Sua loja pode ser vista nesse período como um lugar importante para aqueles interessados em se atualizar sobre temas e ideias políticas disseminadas na América portuguesa e no Reino, sobretudo às relativas ao movimento constitucional.[25]

A Revolução Liberal do Porto em agosto 1820 intensificou entre os estadistas portugueses as discussões sobre a adoção de uma constituição e o retorno da corte para o Reino. As primeiras notícias oficiais chegaram ao Rio de Janeiro em dezessete de outubro. Cerca de uma semana depois, o emigrado francês Cailhe de Geine encaminhou ao Intendente Geral da Polícia, Paulo Fernandes Viana, um *Rapport sur la situation de l'opinion publique*, no qual descrevia os rápidos progressos feitos pelo espirito revolucionário entre os habitantes da cidade, propondo, em vistas disso, que o governo tomasse medidas imediatas para o combater.[26] Tal relatório apresentava alguns argumentos então utilizados, favoráveis e contrários ao movimento constitucional, bem como temas do discurso revolucionário: "o ataque às deficiências da máquina administrativa do Antigo Regime; a

23 *O Espelho*. Rio de Janeiro, n.23, 4 de fevereiro de 1822.

24 *Diário do Rio de Janeiro*. Rio de Janeiro, n.8, 10 de janeiro de 1822.

25 NEVES; FERREIRA. *Brasil, Portugal e França*, p. 15-24.

26 SILVA. *A repercussão da Revolução de 1820 no Brasil*, p.1.

Constituição como único meio de reparar essas falhas, e finalmente a possibilidade de uma revolução pacífica para obtenção desse documento político".[27]

O clima efervescente diante de uma factível elevação em Portugal contrária à presença do rei no Rio de Janeiro, acrescentado da circulação das ideias ditas "revolucionárias", pôde ser sentido ao longo de 1820, tendo a revolução liberal espanhola contribuído para tal afloramento. Como afirmam Jorge Pedreira e Fernando Costa, "o triunfo da revolução na Espanha reforçava o sentimento de que em Portugal se preparavam idênticas alterações. O descontentamento se alastrava, como reconheciam, em primeiro lugar os próprios governadores." A insatisfação também podia ser denotada em vários grupos sociais.[28] A imprensa periódica portuguesa, sobretudo aquela situada em Londres, não ficou ilesa a tal "descontentamento". Em abril desse mesmo ano, o *Correio Braziliense* trazia em suas páginas a "Carta de um braziliano em Londres", que mencionava sobre um possível "um fermento de inquietação" existente em Portugal, noticiado faz algum tempo em vários jornais franceses e ingleses.[29]

Se as ideias até então circulavam em ambos os lados do Atlântico como rumores, após a eclosão dos acontecimentos do Porto, ganharam uma projeção em termos de publicações de uma série de panfletos, jornais e folhetos, marcados por um vocabulário político que permeou as discussões da imprensa, sobretudo a partir de 1821. Impressos no Rio de Janeiro e na Bahia, esses folhetos atingiram outras partes da América portuguesa,

27 *Idem*, p.4-5.

28 PEDREIRA; COSTA. *D. João VI*, p.343.

29 *Correio Braziliense*. Londres, vol.24, jan-jun.1820, p.392-394.

como Maranhão, Pará, Pernambuco, dentre outras localidades, provocando um intenso debate. Como nos informa Lúcia Neves:

> a multiplicação dos periódicos refletia uma preocupação coletiva até então inexistente em relação ao político. [...] De caráter didático e polêmico, os panfletos e folhetos mantinham-se anônimos por causa da censura, mas, escritos sob a forma de comentários aos fatos recentes, ou de discussões sobre as grandes questões do momento, traduziam em linguagem acessível os temas fundamentais do constitucionalismo. [...] essas obras cumpriam o papel de levar notícias e informações a uma plateia mais ampla, que deixava de vê-las como meras novidades do domínio privado para encará-las como parte de um espaço comum [...].[30]

Sobre a importância desses panfletos e sua expansão para um público mais ampliado, podemos atentar ainda para um conjunto de papeis manuscritos, que de acordo com Marco Morel se acresciam ao mundo dos impressos provendo ainda mais a circulação de ideias, que também eram transmitidas pela oralidade. "Manuscritos e anônimos (mas com alvos bem precisos), tais papeis relacionavam-se com o campo dos impressos: aqueles não podem ser considerados como antagonistas em bloco e radicalmente diferentes deste, pois pertenciam ao mesmo contexto e mentalidades e eram elaborados por quem sabia escrever, ainda que de maneira rudimentar."[31]

---

30 NEVES. *A "guerra de penas"*, p.2.

31 MOREL. *Papéis incendiários, gritos e gestos*, p.45.

É nesse contexto de proliferação de ideias que se insere a publicação de *Reflexões sobre alguns sucessos do Brasil*, de Teodoro José Biancardi. Trata-se de um panfleto político destinado a contribuir para os debates sobre a necessidade de permanência do príncipe d. Pedro no Rio de Janeiro, bastante acirrados, sobretudo após os decretos das Cortes de 5 de junho, que restringiram ainda mais o governo de d. Pedro, obrigando o seu retorno a Portugal. Dividido em duas partes; a primeira datada de março de 1821 e a segunda, de dezembro, o opúsculo possuía uma carga teórica acentuada, ainda que não seja citada explicitamente ao longo das páginas. O diálogo com autores, como Montesquieu e Rousseau, ocorre, sobretudo, na primeira parte, justamente a que tinha sido censurada na edição do início de 1821.

Uma das principais discussões da filosofia política rousseauniana era a constatação da existência de um *Contrato Social*, um pacto legítimo, a partir do qual a sociedade política consente a um governante o poder de chefiar em nome de todos, tendo em vista o bem geral. Em obra de igual nome afirmava: "em vez de voltar nossas forças contra nós mesmos, reunamo-nos num poder supremo que nos governe segundo sábias leis, que protejam e defendam todos os membros da associação, que expulsem os inimigos comuns e nos mantenham em concórdia eterna."[32] Tal como nas ideias dessa obra, Biancardi acreditava na existência de um pacto entre monarca e súditos, atribuindo uma diferença entre o monarca e o governo, considerando a má administração dos ministros a grande responsável pelos episódios sucedidos em Portugal:

32 CHÂTELET. *História das Ideias Políticas*, p.72.

> Entrando hoje no número dos axiomas políticos, que *o Chefe de uma nação só adquire e conserva legitimamente tão alta preeminência pelo consenso dos membros da sociedade e que é inerente a este pacto entre o Regente e os regidos* (ainda que a expressão não seja) a condição do bom desempenho das obrigações a que ele se sujeita, porque o bem geral é o único fim da instituição das sociedades políticas; admira que dividisse, como dizem, os juízos de graves Conselheiros a proposta questão; mas os conselheiros dos Reis confundem de ordinário o bem geral com o seu particular, e em paga da confiança que deles faz o ingênuo Monarca que os escuta, sacrificam-lhe a reputação e a glória, e expõem o Estado às desgraças e aos horrores das revoluções.[33]

Biancardi percebia de forma natural a necessidade dos povos de mudar de governo. Suas ideias se inseriam numa corrente de autores portugueses da época que possuíam um discurso mais moderado, percebendo a "possibilidade de manutenção do sistema político vigente até estar pronta a Constituição".[34] De acordo com Maria Beatriz Nizza da Silva, esses homens não pretendiam "esmagar a revolução portuguesa pela força, nem ignorá-la pela separação, se propunha[m] a enfrentá-la, tentando ainda, se possível, controlá-la".[35] Sobre os acontecimentos do Porto, Biancardi afirmava:

33 BIANCARDI. *Reflexões sobre alguns sucessos do Brasil.* (grifos meus)

34 SILVA. *A repercussão da Revolução de 1820 no Brasil*, p.8.

35 *Idem*, p.8.

> Se é incontestável o direito que qualquer nação tem a mudar a forma do seu governo, quando lhe não resta outro meio de salvar-se do abismo de males em que se vê submergida, e se era evidente que o povo português chegara a esta desesperada situação, apesar das virtudes do Soberano, quem senão o perverso e vil adulador, ou o interessado em conservar o que alcançou por intrigas ou indignidades, podia macular com o feio nome de rebelião o exercício de um direito inalienável a que nos chama o sentimento da dignidade de homens! Passaríamos do estado da natureza ao da sociedade para nos reduzirmos a condição abjeta de escravos? Será virtude civil a estúpida eterna obediência aos caprichos e insolências dos que governam, atropelando as leis, oprimindo o mérito, e acolhendo e exaltando o vício e a ignorância? E será crime procurar o remédio de tantos males, empregando a força, quando estão esgotados todos os meios de representações, sempre desprezadas por não ouvidas? Não: para ser este ato considerado criminoso seria preciso que na formação da Sociedade os seus membros perdessem a qualidade de homens para tomar a de brutos. Entes dotados de razão, de liberdade, e do desejo inextinguível de felicidade, sempre terão o direito de a procurar (sic), e de combater, se preciso for em guerra aberta, os que ousarem privá-los dos preciosos bens sociais, que em comum lhes pertencem, e de que só os desapossa a Tyrania.[36]

---

36 BIANCARDI. *Reflexões sobre alguns sucessos do Brasil*, p.4-5.

Assim, seu ponto de vista se opunha a duas outras visões existentes à época: uma "mais intransigente",[37] que acreditava que o movimento de 1820 deveria ser reprimido "pela força", por meio do auxílio da intervenção militar dos países europeus da Santa Aliança, cujo principal defensor era Tomás Antônio Vilanova Portugal, secretário de Estado dos Negócios do Reino, Estrangeiros e Guerra,[38] e outra mais radical, na qual "não pensava em destruir o foco revolucionário português, mas sim em preservar o Brasil do seu contágio, através da separação dos dois reinos e do fortalecimento da monarquia em terras brasileiras".[39]

Dentro dessa última visão se incluiu um folheto anônimo impresso no final de 1820, em francês, intitulado *Le Roi et La famille royale de Bragance doivent-ils, dans les circonstances présentes, retourner au Portugal ou bien reste au Brésil?*. Tendo por base seis fundamentos, defendia a permanência da família real no Brasil e compreendia a hipótese de separação "como um expediente para forçar a aproximação dos revolucionários do Porto".[40] Vale destacar que a repercussão de tais ideias no ambiente cortesão do Rio de Janeiro foi tão intensa que o panfleto em francês foi retirado de circulação.[41] Meses mais tarde, a *Gazeta do Rio de Janeiro* divulgava em sua edição de 31 de julho

37 *Idem.*

38 NEVES. *Corcundas e constitucionais*, p.241-242. Sobre a atuação de Tomás Antônio de Vilanova Portugal nesse período, ver: SCHULTZ. *Versalhes Tropical*, p.336-337.

39 SILVA. *A repercussão da Revolução de 1820 no Brasil*, p.9. Para um exame das diferentes correntes políticas existentes à época, ver: FERREIRA. *Memórias e Cartas Biográficas*, p. 253-260.

40 NEVES. *Op. Cit.*, p.241-242. Sobre tal folheto, ver também: LIMA. *O movimento da Independência*, p.23-24.

41 LUSTOSA. *Insultos Impressos*, p.87.

de 1821 a notícia de que tal opúsculo se encontrava disponível na "loja da Gazeta", "vertido em Português e analisado".[42]

De acordo com Isabel Lustosa, a repercussão desse folheto deve ser entendida para além das ideias ali contidas, uma vez que tal publicação "deu início no Brasil à pratica de manifestar-se sobre os problemas do país por meio de impressos".[43] Por defender a preponderância do Brasil em relação a Portugal, a publicação desse panfleto foi duramente criticada por Biancardi:

> Quando inquietos os espíritos se afadigavam em conjeturas sobre a resolução, ainda não conhecida d'El Rei, apareceu o celebrado Folheto Francês, em que seu autor indiscreto, e superficial, afetando ter somente em vista o aconselhar o Soberano a estabelecer a sede do governo no Brasil, trata Portugal de rochedo [...] apropria-se a ideia furtada a [Louis-Sebastién] Mercier, que pressagia a futura preponderância da América sobre a Europa: estabelece por certo que é fingido o amor respeitoso dos Portugueses à Dinastia reinante: *promove perigosamente a desunião entre os filhos do Brasil e os de Portugal.*[44]

Em relação às influências de Montesquieu, elas transparecem texto de Teodoro Biancardi quando destaca a importância da lei e da sua execução. Em *O Espírito das Leis*, o barão de La Brède apresentou uma nova classificação aos regimes políticos, dentro da qual a seu ver "o governo moderado, onde é assegu-

---

42 MEIRELLES. *Imprensa e poder na corte joanina*, p.186.

43 LUSTOSA. *Op. Cit.*, p.91.

44 BIANCARDI. *Reflexões sobre alguns sucessos do Brasil*, p.8-9. (grifos meus).

rada uma separação dos poderes, revela[va]-se a única solução institucional da liberdade política". Nessa obra, igualmente se esforçou para "revelar o espírito das leis", demonstrando que elas têm "uma estrutura própria", específica de cada povo, e por isso não podem ser originadas das leis divinas. Em suas palavras, "é preciso que elas se relacionem com a natureza e o princípio do governo que foi estabelecido ou que se quer estabelecer, quer elas o formem (como é o caso das leis políticas), quer elas o mantenham (como é o caso das leis civis)".[45] Tal como nos escritos de Montesquieu, Biancardi apreendia como natural a existência dos três poderes, colocando a monarquia como a forma de governo do executivo. Atentava para a relevância da obediência a lei, o que para aquele pensador estava associado à liberdade política,

> mas estas novas leis, que haveremos de receber da Constituição, ainda nos não regem; e cumpre por isso respeitar as estabelecidas, e as autoridades a que toca a sua execução, para não sofrermos os males espantosos da anarquia, cem vezes mais terrível em seus efeitos do que o Governo absoluto e despótico. A constituição há de assinar a divisão dos três poderes de que se compõem qualquer Governo: o Legislativo que ordena as Leis e as derroga: o Executivo que vigia sobre a execução dessas Leis, e regula, com mais ou menos restrições o que se refere ao Direito das Gentes; e o Judiciário que se emprega na decisão dos pleitos e punição dos crimes; dando o primeiro a uma

45 CHÂTELET. *Op. Cit.*, p.61-62. Ver também: ALTHUSSER. *Montesquieu a Política e a História.*

> Câmara ou a duas; o segundo ao Rei; e o terceiro aos Juizes que a Lei instituir.[46]

Na segunda parte do panfleto, o interesse de Teodoro Biancardi concentra-se na análise e na contextualização das questões ocorridas no Rio de Janeiro ao longo de 1821, apresentando sua avaliação sobre os acontecimentos sucedidos. Em sua opinião a insurreição realizada em fevereiro daquele ano,[47] que exigiu do rei o juramento da constituição a ser adotada pelas cortes portuguesas, não passou de "um motim popular de pouca monta pelo número limitado de concorrentes, e de nenhuma influência na ordem política da Monarquia". De igual maneira, não exalta o decreto das Cortes que instituíram as Juntas provisórias:

> Para se dar, com justiça, a qualquer dia o nome de glorioso, é indispensável que dos fatos desse dia resultem ao Estado vantagens extraordinárias, sejam estas devidas a eventos casuais, ou conseguidas por esforços e meios não vulgares, ou por feliz combinação de circunstâncias bem aproveitadas; e parece-me que não foram de vantagem extraordinária os dois efeitos dos sucessos do dia 5 de junho. A Junta Provisória criada por decreto do mesmo dia, é quase um corpo nulo; pois a faculdade de que se lhe deu de votar sobre Leis, não tendo o príncipe Regente do Brasil autoridade de as fazer é interinamente ilusória; foi o mesmo que dizer = somente votará sobre aquilo que nunca

---

46 BIANCARDI. *Reflexões sobre alguns sucessos do Brasil*, p.8-9. (grifos meus).

47 Para contextualização sobre essa rebelião de 26 de fevereiro de 1821, ver: SCHULTZ. *Op. Cit.*, p.335-349.

> se lhe há de propor =; ora sendo esta a maior das suas faculdades é fácil conhecer quanto ganhou a Republica com a criação daquele Corpo.[48]

As proximidades nas insatisfações em relação ao governo do Rio de Janeiro das capitanias do Norte e Nordeste com as ideias das cortes portuguesas fez com que muitas delas instituíssem rapidamente as Juntas provisórias, conforme as determinações. As oposições realizadas pela Bahia ao governo do príncipe regente no Rio de Janeiro eram vistas por Teodoro Biancardi como um equívoco:

> O Governo legitimamente estabelecido por Sua Majestade para o Reino do Brasil, quando julgou que o bem geral da Nação portuguesa exigia que voltasse a Antiga sede da Monarquia, bem manifesta que El Rei tomou em seria consideração quanto seria perigoso ausentar-se deste Reino, deixando cada uma de suas províncias separadamente sujeita a Governo particular, sem um centro comum a que todas se referissem; encarregando a Regência dele ao Príncipe Real mostrou que o Brasil lhe merecia mui subida contemplação. Conhecendo que restitui-lo a servil dependência, em que antigamente estava de Portugal, era semear o descontentamento, e dar armas aos mais perigoso partido, conservou os Tribunais para que as partes pudessem usar em seus litígios e dependências de todos os recursos ordinários e extraordinários, sem a triste necessidade de ir mendigar esses meios a duas mil léguas de distancia.

48 BIANCARDI. *Reflexões sobre alguns sucessos do Brasil.*

> Sendo tão sólidos os motivos da formação desta Regência, esperava que fosse por todo o Brasil reconhecida; desgraçadamente não foi assim.[49]

Na verdade, a totalidade da exposição servia para apresentar o seu principal argumento: a defesa da permanência de d. Pedro no Brasil. Acreditava na necessidade de uma união entre Brasil e Portugal, onde ambas as partes fossem respeitadas:

> Em uma palavra a Soberania, segundo as Bases que juramos, reside na Nação inteira, e se Portugal pudesse fazer Leis para o Brasil seria uma parte da Nação soberana da outra. [...] todos os Portugueses são iguais em direitos e obrigações: extintas de uma vez as ideias odiosas de sujeição e domínio, nenhuma distinção se admite entre Portugal e Brasil.[50]

A seu modo de ver, Portugal até poderia ser considerado a parte mais importante do Império, "em consequência da qualidade da população", mas os direitos do Brasil deveriam ser prezados.

> Que diria Portugal se estabelecida aqui a sede da Monarquia, e convocadas as Cortes se alterasse o seu regime [...]? Considerando quanto contribui para a grandeza da Nação pela sua população, comércio, e industrial e qual é a sua Representação Política, e lembrando-se até, (porque estas coisas nunca esquecem) com justo e nobre orgulho, do heroísmo de seus filhos, que nas quatro partes do

49 BIANCARDI. *Reflexões sobre alguns sucessos do Brasil*, p.19.

50 *Idem*, p.29.

> mundo tem emulado em façanhas ilustres com os varões mais louvados na história, julgaria vilipendiada sua dignidade, e seus direitos atropelados, por não ser ouvido, sobre o que lhe convinha, por seus legítimos Representantes. Igual juízo, e com igual razão faz hoje o Brasil, em idênticas circunstâncias refletindo na contemplação que merece pela sua categoria, e pela vasta extensão de território, abundância e variedade de suas ricas produções, e ofendendo-se da manifesta injúria de seus incontestáveis direitos.
> Concedamos, se tanto querem, que a força maior esteja em Portugal, em consequência da qualidade da população, não é ainda assim o extremo da insolência querer que, em um Estado livre, a parte mais fraca se sujeite cegamente as Leis da mais poderosa? *Seria para legitimar o direito do mais forte que se jurou a Constituição, ou para que a força e a fraqueza tenham iguais direitos e vantagens!*[51]

Para Teodoro Biancardi a necessidade de se prezar os interesses do Brasil evitaria que nessa parte do Império se tomassem os mesmos rumos seguidos nas colônias espanholas:

> Quererá ver desatados para sempre os laços que se pertencem [SIC] apertar, e reproduzidas no Brasil as cenas deploráveis, de que tem sido espantoso teatro as desgraçadas Colônias de Espanha? Províncias divididas em partidos, e assoladas pela guerra civil; cidades incendiadas;

51 BIANCARDI. *Reflexões sobre alguns sucessos do Brasil*, p.30-32. (grifos meus).

> povoações inteiras exterminadas dos seus lares, acabando errantes e dispersas, sem achar asilo na sua miséria; e o crime apropriando-se impune os despojos da virtude e da inocência! E isto por quê? Por não se ouvir a voz da justiça, e querer atropelar as mesmas leis cuja observância a pouco se jurou! [...] Por ventura esperaria conseguir o que a Espanha muito mais poderosa não tem podido alcançar? O resultado final seria a perda do Brasil, que ressentido de suas não merecidas desgraças, até recusaria aceitar o que hoje não duvidara propor.[52]

Na conclusão do panfleto, reafirma a "causa do Brasil", destacando a necessidade de que os direitos de ambas as partes sejam assegurados como forma de exercício da liberdade política:

> Os varões generosos que tomaram sobre si o glorioso encargo de elevar da escravidão a liberdade a Nação portuguesa, não podem desatender no Santuário da Justiça os direitos do Reino do Brasil, tão sagrados como os de Portugal. Não: não é possível que sendo ali tão bem conhecidas as vantagens recíprocas que resultam da união dos dois Reinos senão tema arriscar, por falsas combinações de Política, a posse desses bens reais e preciosos, para sustentar planos de engrandecimento de uma das partes, com menoscabo e detrimento da outra, ou defender caducos prejuízos, e pretensões de ofensiva superioridade, que a escravidão sofria, mas a liberdade não admite,

52 *Idem.*

> e cuja satisfação é incompatível com o progresso feliz da causa pública.[53]

Em *Reflexões sobre alguns sucessos do Brasil*, Teodoro Biancardi demonstra que não defendia a separação política. Ao contrário: intentava um ajuste entre as partes do Império de modo que houvesse uma reciprocidade entre elas, com direitos e deveres mútuos. A centralização política do poder nas mãos do príncipe regente d. Pedro enquanto não ocorresse a aprovação da Constituição portuguesa era vista como um meio de evitar os mesmos destinos das colônias espanholas. Nesse sentido, seu pensamento se aproxima daquele presente no grupo que no ano seguinte realizaria a independência política do Brasil, do qual ele, como um atuante da elite burocrática luso-brasileira, também fez parte.

Referências bibliográficas

ALTHUSSER, Louis. *Montesquieu a Política e a História*. Lisboa: Editorial Presença/ Brasil: Livraria Martins Fontes, 1977, 2ª edição.

BIANCARDI, Theodoro José. *Cartas Americanas*. Lisboa: Impressão Régia, 1809.

BIANCARDI, Theodoro José. *Reflexões sobre alguns sucessos do Brasil*. Rio de Janeiro, Tipografia Nacional, 1821.

CARVALHO, Marieta Pinheiro de. "Sou um cidadão ligado aos interesses do Estado": intelectualidade luso-brasileira e suas relações com o Estado português (1777-1808). *Intellèctus* (UERJ), v.II, p. 1-23, 2007. Disponível em: https://www.e-publicacoes.

53 *Idem*, p.36.

uerj.br/index.php/intellectus/article/viewFile/27631/19817. Acesso em 20 de jan.2022.

CARVALHO, Marieta Pinheiro de. 'As palavras exprimem ideias': a atuação política de José Joaquim Carneiro de Campos na Assembleia Constituinte de 1823. In: PRADO, Maria Emília (org.). *Intelectuais e ação política.* Rio de Janeiro: Revan, 2011, p.17-40.

CARVALHO, Marieta Pinheiro de. *Os sentidos da Administração*: oficiais e ação política no Rio de Janeiro (1808-1821). Jundiaí [SP]: Paco, 2018.

CHÂTELET, François. *História das Idéias Políticas.* Rio de Janeiro: Jorge Zahar Ed., 2000.

DIAS, Maria Odila da Silva. "Aspectos da Ilustração no Brasil". *A interiorização da metrópole e outros estudos.* São Paulo: Alameda, 2005, p. 39-26.

FERREIRA, Silvestre Pinheiro. Memórias e Cartas Biográficas. In: *Anais da Biblioteca Nacional do Rio de Janeiro.* Vol. 2. Rio de Janeiro: Tipografia Leuzinger e filhos, 1877, p. 253-260.

HAZARD, Paul. *O pensamento europeu no século XVIII (de Montesquieu a Lessing).* Lisboa: Presença, 1983.

LIMA, Oliveira. *O movimento da Independência, 1821-1822.* Rio de Janeiro: Topbooks, 1997.

LUSTOSA, Isabel. *Insultos Impressos*: a guerra dos jornalistas na Independência (1821-1823). São Paulo: Companhia das Letras, 2000.

MARTINS, João Paulo. O passado e o romance: narrativas ficcionais e construções históricas no século XVIII. In: *Lugares e Caminhos do Romance - Séculos XVIII e XIX.* Trocas e Transferências Literárias e Culturais. São Paulo, Associação Brasileira de Literatura Comparada, 2005.

MEIRELLES, Juliana Gesuelli. *Imprensa e poder na corte joanina.* A Gazeta do Rio de Janeiro (1808-1821). Rio de Janeiro: Arquivo Nacional, 2008.

MOREL, Marco. Papéis incendiários, gritos e gestos: a cena pública e a construção nacional nos anos 1820-1830. *Topoi* (Rio de Janeiro) [online]. 2002, v. 3, n. 4 [Acessado 4 Fevereiro 2022], p. 39-58. Disponível em: <https://doi.org/10.1590/2237-101X003004002?>.

NEVES, Lúcia Maria Bastos Pereira das. *Corcundas e constitucionais*: a cultura política da independência (1820-1822). Rio de Janeiro: Revan, 2003.

NEVES, Lúcia Maria Bastos Pereira das; FERREIRA, Tania Maria Bessone da C. Brasil, Portugal e França: a circulação de ideias políticas e culturais por meio dos que tratam em livros (1808-1830). In: ABREU, Marcia; DEAECTO, Marisa (org.). *A circulação transatlântica dos impressos: conexões*. Campinas: IEL/SEtro de Publicações, 2014, p. 15-24.

NOVAIS, Fernando. O reformismo ilustrado luso-brasileiro: alguns aspectos. In: *Aproximações*: estudo de história e historiografia. São Paulo: Cosac Naify, 2005.

PEDREIRA, Jorge; COSTA, Fernando Dores. *D. João VI*: um príncipe entre dois continentes. São Paulo: Companhia das Letras, 2008.

RAMINELLI, Ronald. *Viagens ultramarinas*: monarcas e governo a distância. São Paulo: Alameda, 2008.

SCHULTZ, Kirsten. *Versalhes Tropical*: império, monarquia e Corte real portuguesa no Rio de Janeiro, 1808-1821. Rio de Janeiro: Civilização Brasileira, 2008.

SILVA, Ana Rosa Cloclet da. *Inventando a Nação*: intelectuais ilustrados e estadistas luso-brasileiros no crepúsculo do Antigo Regime Português: 1750- 1822. São Paulo: Hucitec: Fapesp, 2006.

SILVA, Inocêncio Francisco da. *Dicionário Bibliográfico Português*. Lisboa: Imprensa Nacional, 1914.

SILVA, José Manoel Pereira da. *História da fundação do Império Brasileiro*. Rio de Janeiro: B.L. Garnier Editor, 1965.

SILVA, Maria Beatriz Nizza da. A repercussão da Revolução de 1820 no Brasil. Eventos e ideologias. *Revista de Historia das Ideias*. Vol.II. Universidade de Coimbra, 1978-79, p.1-52.

SOUZA, Simone Cristina Mendonça de. Cartas Americanas: romance, idéias e fatos nos anos de 1807 e 1808. *Anais do XI Congresso Internacional da ABRALIC*. São Paulo, Universidade de São Paulo, julho de 2008.

VICENTE, António Pedro. Panfletos anti-napoleónicos durante a Guerra Peninsular: actividade editorial da Real Imprensa da Universidade. *Revista de História das Ideias*. Imprensa da Universidade de Coimbra, vol.20, p.101-130, 1999.

Sobre a autora

Marieta Pinheiro de Carvalho é professora adjunta do Departamento de História da Universidade do Estado do Rio de Janeiro (UERJ) na área de História do Brasil. É autora de vários artigos, livros e capítulos que tratam das relações entre Brasil e Portugal durante a presença da corte portuguesa na América, dentre os quais merecem destaque: *Os sentidos da administração*: Oficiais e ação política no Rio de Janeiro (1808-1821) (Paco, 2018); *Leituras e interpretações sobre a época joanina* (Prismas, 2016) em coorganização com Juliana Gesuelli Meirelles; *Uma idéia ilustrada de cidade*: as transformações urbanas no Rio de Janeiro de d. João VI (1808-1821) (Odisséia, 2008).

"Morra o maroto!": o antilusitanismo na Bahia da Guerra de Independência ao fim do Primeiro Reinado

Sérgio A. D. Guerra Filho

No contexto da ruptura entre o Brasil e Portugal, a Bahia viveu meses muito intensos da sua história. Na esteira da Revolução Vintista, estabeleceu-se uma divergência política sobre os destinos do Reino Unido de modo a arranjar, em lados opostos, os nascidos em Portugal e os baianos. Tais diferenças avançaram para conflitos armados no ano de 1822, o que acabou culminando numa guerra conhecida como Guerra da Bahia. Essa guerra, que teve duração aproximada de um ano, foi travada, centralmente, pela posse da capital baiana, ocupada pelas tropas do General Madeira, fiéis a Lisboa. No campo contrário, o Exército Pacificador (também conhecido como Libertador) foi formado por dissidentes baianos que se organizaram a partir da vila da Cachoeira, sendo depois reforçado por tropas oriundas de outras províncias, a mando do príncipe D. Pedro.

O resultado desse conflito, resolvido com a retirada das tropas portuguesas a 2 de julho de 1823, definiu a adesão desta parte da América ao recém criado Império do Brasil. Ao mesmo tempo em que se consolidava o redesenho do aparato estatal, anunciava-se uma nova nação: a brasileira. Forjada enquanto a província experimentava uma guerra, a transição política e a ruptura identitária foram, na Bahia, atravessadas pela formação de um discurso patriótico que mobilizava antigas e difusas percepções de injustiças, rixas e diferenças entre portugueses da Europa e da América para mobilizar e legitimar os projetos políticos autonomistas. Apropriado pelas camadas populares, esse discurso antilusitano encontrou campo fértil para interpretações radicalizadas e ações violentas contra os portugueses na província, cuja expressão de maior intensidade foram os episódios de mata-maroto.[1]

Finda a guerra, muitos portugueses se retiraram da Bahia, a maioria em direção a sua terra natal. É possível que o quantitativo de pessoas – militares, proprietários e suas famílias – que saiu da Cidade da Bahia em cerca de 100 navios tenha sido próximo a 10.000 pessoas: um número comparável ao da fuga da Família Real, em 1807.[2] Os civis, principalmente, fugiam temendo sofrer desforras violentas. Os portugueses que permaneceram, retornaram ou migraram nos anos seguintes para a

1 O mata-maroto, que foram atos de violência generalizada contra portugueses, ocorreu em outras regiões do Império do Brasil sob outros nomes, como mata-marinheiro. RIBEIRO. *Liberdade em Construção.* O inverso, violência de portugueses contra brasileiros, ficou conhecido como mata-cabra. ARAÚJO. *A Guerra da Bahia,* p. 37; REIS. *O Jogo Duro do Dois de Julho,* p. 85.

2 MALERBA. *Sobre o Tamanho da Comitiva.* GUERRA FILHO. *Antilusitanismo na Bahia do Primeiro Reinado,* p. 255-258.

Bahia, encontraram um ambiente hostil, no qual ajuntamentos, gritos de "morra o maroto!", saques, apedrejamentos, agressões e até mortes passaram a compor o quadro dos conflitos políticos locais, fazendo do antilusitanismo um fenômeno fundamental para entender sociedade e a política da Bahia no nos anos iniciais do Império do Brasil.

Nesse capítulo, analiso uma série de acontecimentos envolvendo brasileiros e portugueses da Bahia, entre os anos de 1822 – quando dos primeiros conflitos armados que desaguariam numa guerra – e 1831 – ano da abdicação do primeiro imperador do Brasil. Inicialmente, farei um breve panorama sócio político baiano no primeiro terço do século XIX, localizando o antilusitanismo em tal contexto. Na sequência, analiso episódios em que o antilusitanismo foi peça central, como na crise de abril de 1831, buscando compreender o seu lugar e seu papel na conjuntura política baiana.

Antilusitanismo, identidade e conflito

A Independência do Brasil se deu, na Bahia, por uma guerra que durou cerca de um ano, de junho de 1822 a julho de 1823, mobilizando dezenas de milhares de soldados dos dois lados do conflito.[3] A adesão, em fevereiro de 1821, ao movimento liberal-constitucionalista que eclodira na porção europeia do Reino Unido foi praticamente unânime e relativamente tranquila.[4] No entanto, nos meses seguintes, as divergências de perspectiva política entre os portugueses nascidos dos dois lados

3 AMARAL. *História da Independência na Bahia*; TAVARES. *Independência do Brasil na Bahia.*

4 TAVARES. *Historia da Bahia*, p. 222 e ss.

do Atlântico avançaram para conflitos armados pela posse da Cidade da Bahia.

Já em fevereiro de 1822, estourou uma disputa pela nomeação do militar Inácio Luis Madeira de Melo como Governador das Armas da Província. Autoridades civis e militares baianas, que tinham maioria na Junta Governativa da província, entendiam que a posse de Madeira penderia a balança política em favor das Cortes de Lisboa e de seus supostos interesses em recolonizar o Brasil. Liderados pelo Marechal Manuel Pedro de Freitas Guimarães, então ocupante do cargo pretendido, militares e civis baianos se recusaram a aceitar o comando de Madeira de Melo e ofereceram resistência armada depois de uma tentativa frustrada de mediação feita pela Câmara da Bahia. Com um saldo de prisões, fugas da cidade e algumas mortes,[5] os baianos foram derrotados e o General Madeira de Melo pode, finalmente, comandar a cabeça da província.

Mas a vitória de Madeira e do partido de Lisboa não tardou se revelar delicada e provisória. Dentro de pouco tempo, a sua influência direta estaria restrita à Cidade da Bahia. Militares dispersos em fevereiro, senhores de terras e escravos e outros dissidentes passaram a articular a resistência a Madeira desde as vilas do recôncavo baiano.[6] A partir de consulta fei-

---

5 Foi durante os conflitos de fevereiro de 1822 que morreu a Sóror Joana Angélica, ao tentar impedir que tropas portuguesas atravessassem o Convento da Lapa para perseguir baianos partidários de Freitas Guimarães que haviam fugido do Forte de São Pedro. A morte da religiosa causou grande comoção na Bahia e fora dela, aguçando as diferenças entre os baianos e os europeus, contribuindo para a criação de uma imagem de "malvado" para o General Madeira. TAVARES. *Independência do Brasil na Bahia*, p. 47-48.

6 *Idem*, p. 69 e ss.

ta por Deputados que representavam as diversas províncias do Brasil na constituinte portuguesa,[7] as articulações políticas nas vilas baianas culminaram com a aclamação de D. Pedro como Defensor Perpétuo do Brasil, num evidente posicionamento contra o General Madeira. Em 14 de junho de 1822, a Câmara da vila de Santo Amaro da Purificação, com grande adesão popular, sinalizou sua inclinação ao Rio de Janeiro ao aclamar o Príncipe Regente. Dias depois, soldados portugueses movimentaram-se armados pela vila, de forma a intimidar os santoamarenses. Cientes do ocorrido, quando a vila de Cachoeira realizou a sua própria aclamação, em 25 de junho, já havia preparativos para um conflito armado, o que acabou ocorrendo. Madeira de Melo havia remetido uma embarcação de guerra através do rio Parauaçu, para posicionar-se defronte à vila. De outro lado, muitos cachoeiranos, reunidos desde a véspera no distrito de Belém, chegaram armados e em grande número para o ato na Câmara. Depois de tiroteios com feridos e mortos, tanto os portugueses que de suas casas atiraram, quanto a embarcação que fez fogo contra a multidão, foram neutralizados.[8]

7 A consulta, assinada por toda a bancada baiana, era feita nos seguintes termos: "1º Se convém à Província da Bahia que haja no Brasil uma delegação do Poder Executivo, para facilitar o recurso necessário aos povos desse Reino; 2º Se lhe convém que haja duas delegações em diferentes pontos do Brasil para o mesmo fim; 3º Se lhe convém que o Poder Executivo resida só em el-Rei, delegando este a cada uma Junta Governativa de cada Província a parte do mesmo poder que necessário for para a pronta execução das leis e recursos dos povos, como acontecia antigamente com os Capitães-Generais; 4º Finalmente, não convindo os três precedentes arbítrio, qual seja aquele que julga a Província mais conveniente ou útil ao seu bom regime e administração". *Idem*, p. 91.

8 *Idem*, p. 69 e ss.

Daí em diante, os baianos organizaram as bases da resistência à ocupação da capital pelas tropas de Madeira de Melo a partir de duas frentes: a organização de um governo para as vilas que não reconheciam legitimidade no General Madeira e a formação de um exército para combater as forças lusitanas. Depois de promover a aclamação de D. Pedro pelo interior da Província, lideranças baianas formaram um Conselho Interino de Governo em Cachoeira, com representação das vilas baianas. Segundo Tavares, "Não existia nada igual a esse governo de proprietários de terras, engenhos e escravos, em qualquer outra província do Brasil [...] Era uma novidade que se explica com as contingências específicas da Bahia ocupada por tropas portuguesas".[9] Cachoeira passava, assim, a ser a capital brasileira da Bahia, tendo em vista a ocupação militar da antiga capital, que continuava a responder a Lisboa.

Nos meses seguintes, o Conselho Interino organizou a resistência militar ao governo de Madeira de Melo. Além dos derrotados em fevereiro, que haviam se dispersado pelo recôncavo, juntaram-se outros descontentes, fossem oriundos das guarnições das vilas, fossem engajando-se nos diversos batalhões de voluntários que foram surgindo. Esse exército foi aprontado em um curto espaço de tempo e, em agosto de 1822, duas colunas já bloqueavam os principais acessos por terra à Cidade da Bahia. Em outubro, o General Labatut chegou à Bahia comandando tropas enviadas por D Pedro, oriundas de diversas províncias, e já se encontrava em Pirajá nos primeiros dias de novembro. As tentativas portuguesas de furar o cerco estabelecido pelo

9 TAVARES. *Independência do Brasil na Bahia*, p. 123.

Exército Libertador não surtiram efeito.[10] Em maio de 1823, o destino das tropas comandadas por Madeira de Melo foi selado com a chegada de uma esquadra imperial que cortou o principal canal de comunicação e abastecimento que restava à Cidade da Bahia: as rotas marítimas. Sem recursos, sem reforços e na iminência de esgotar os alimentos, aprontou-se uma retirada que foi realizada com significativo sucesso na madrugada do dia 1º para o dia 2 de julho de 1823.

A Guerra da Bahia foi, portanto, um catalisador das reconfigurações identitárias de caráter nacional em disputa e a principal ruptura nela gerada foi o fato de que a identidade portuguesa passava a designar exclusivamente os contrários à Causa do Brasil, ao tempo em que se construía a identidade brasileira. Grande parte dos nascidos em Portugal - ou aqueles que, nascidos na América, foram identificados como defensores dos interesses europeus - passavam a ser vistos como inimigos, portanto, portugueses. Naturalidade e nacionalidade não se confundiam nesse momento de transição.[11]

Durante a guerra, é possível acompanhar uma série de eventos em que a ruptura em termos nacionais prevaleceu onde, antes, eram todos considerados membros de uma mesma nação: a portuguesa. Um desses casos foi o da prisão do europeu

10 As duas principais tentativas neste sentido foram a Batalha de Pirajá, em novembro de 1822, e a tentativa de tomar a Ilha de Itaparica, em janeiro de 1823. Ambas as derrotas acabaram por restringir definitivamente a ocupação militar à Cidade da Bahia e impôs sérias restrições alimentares aos portugueses sitiados, que contavam, para o seu abastecimento, com um número cada vez menor de gêneros contrabandeados e com a regularidade das embarcações vindas de Portugal, apenas. Ver: GRAHAM. *Ao mesmo tempo sitiantes e sitiados*, p. 433-435.

11 PIMENTA. *Portugueses, Americanos, Brasileiros.*

Domingos Nunes, lavrador em São Francisco do Conde, sob a alegação de ser inimigo da causa. Em sua defesa, Nunes apresentou testemunhas e documentos – teria contribuído financeiramente com os esforços de guerra –, na tentativa de provar que "nem levemente, em tempo algum, se tornou suspeito nem por palavras ou obras, nem por armas, ou papeis".[12] Manoel Rodrigues Viana, outro europeu, foi preso quando regressava de Cachoeira, onde fora realizar compras para o engenho onde trabalhava. Levava consigo um bilhete de autoria de um Tenente Coronel, atestando ser ele, Viana, alguém de confiança. Não lhe serviu. Quando, preso, pediu que se averiguasse sua conduta, mas o resultado foi um revés para Viana, posto que a sua fama era a de ter sido "um dos Europeus que estivera na Escuna na ocasião que a mesma fazia hostilidades contra esta Vila e seus habitantes", no 25 de junho de 1822.[13]

A perseguição, prisão, expulsão da capitania e o sequestro de bens de portugueses sob a acusação de serem "inimigos da causa brasileira" não foram raras a partir da deflagração dos conflitos na Bahia de 1822-1823. E nem sempre uma acusação dessas era devidamente investigada ou comprovada. Mesmo que tenham se empenhado em provar inocência, mostrando em seu favor provas de patriotismo e amor à "Santa Causa" brasileira, esta defesa nem sempre foi suficiente. Não o foi para Nunes e Viana, nem para outros tantos nascidos em Portugal.

Retrocedendo nosso olhar a alguns acontecimentos nos anos anteriores à Independência, é possível perceber o contrário: em vários episódios de crise política, viu-se a reafirmação da

12 APEB. Seção Colonial-Provincial. Maço 637-3.

13 APEB. Seção Colonial-Provincial. Maço 637-7.

identidade portuguesa. Uma dessas oportunidades foi quando da breve passagem da comitiva real pela Bahia, na viagem da transferência da Corte para o Rio de Janeiro. A presença de um monarca europeu no Novo Mundo era algo inédito. Naquele cenário, já em dias de março de 1808, autoridades e grandes proprietários locais, reunidos na Câmara do Senado da Bahia, aproveitaram a estadia do Príncipe Regente na cidade e encaminharam-lhe correspondência solicitando que estabelecesse a capital do Império na dita Cidade da Bahia, a mais antiga cidade portuguesa da América, cabeça da colônia por mais de dois séculos.

Além dos predicados naturais do lugar, havia, segundo os autores da representação, algo que valia mais que tudo isso: o amor e a submissão do povo baiano, súditos fidelíssimos da Coroa portuguesa. "Sentimentos afetuosos são os baluartes inexpugnáveis do trono", arrematavam.[14] A crise política europeia e a presença, mesmo que fortuita, da Corte na Bahia serviam para consolidar os laços de pertencimento dos baianos ao Império e à nação portugueses. A morte da rainha, a coroação de D João VI e a Revolução de 1817 foram oportunidades em que as autoridades baianas também puderam reafirmar sua lealdade ao Trono e à Nação Portuguesa.

Em fevereiro de 1821, a adesão baiana ao movimento liberal iniciado na Cidade do Porto foi justificada em termos de unidade da Nação Portuguesa. A proclamação que anunciava o movimento parabenizava os "irmãos Europeus" que haviam restabelecido "a boa ordem e a glória da nação Portuguesa".[15] Porém, poucos meses depois, aqueles que se irmanavam sob

14 APEB. Seção Colonial-Provincial. Maço 132, fl. 220v a 222.

15 TAVARES. *História da Bahia*, p. 222-224; WISIAK. *Itinerário da Bahia*, p. 449-452.

uma mesma monarquia e nação estariam mergulhados em uma crise que separaria os portugueses da Europa e os portugueses da América – agora sob o designativo identitário de brasileiros – em campos opostos.

A nação portuguesa se dividiria em duas, e o termo "português" já não mais seria reivindicado pelos nascidos na América. Obviamente, este processo não foi imediato, nem linear. As identidades políticas coletivas se reconfiguravam num momento de muitas incertezas, avanços, recuos e mudanças de rotas, típicos de momentos de crise social.

Apesar da quase unânime oposição aos portugueses, o próprio lado brasileiro tinha suas diferenças. A elite baiana – eminentemente os proprietários de terras e escravos – e as classes populares tinham perspectivas políticas diferentes do que seria a nova nação. Uma evidente expressão dessa diferença pode ser percebida na divergência que um certo Patriotismo Popular desenvolveu durante a Guerra de Independência na Bahia, à revelia do discurso patriótico elaborado pelas autoridades baianas.[16] Entre os brasileiros, havia graves e incontornáveis diferenças raciais e de classe. Como nos lembram Jancsó e Pimenta:

> Não era simples para as elites luso-americanas despirem-se de algo tão profundamente arraigado como a identidade portuguesa, expressão sintética de sua diferença e superioridade diante dos muitos para quem essa condição estava fora do alcance. Saberem-se portugueses constituía o cerne da memória que esclarecia a natureza das relações que mantinham com o restante do corpo

16 GUERRA FILHO. *Patriotismo na Guerra da Bahia.*

> social nas suas *pátrias* particulares, aquela massa de gente de outras origens com a qual, sobre a qual, ou contra a qual caberia organizar o novo corpo político.[17]

Em muitos momentos, as autoridades baianas afirmaram seu medo de que o movimento de independência pudesse dar vez a uma revolta mais ampla e capaz de abalar a base do seu poder. Durante a Guerra, são muitos os episódios em que o patriotismo popular vitimou algum português abastado, e, em resposta, o Conselho Interino agiu em favor da estabilidade da província, evitando aquilo que consideravam "desordens" e "anarquias" e protegendo os proprietários em nome do "sossego público". As autoridades baianas pretendiam frear o sentimento antilusitano popular, temendo que este se generalizasse e se voltasse contra todo e qualquer proprietário ou autoridade constituída.

Eis uma delicada equação: de um lado, as autoridades tinham os portugueses como seu inimigo de guerra e, para tal, precisavam armar um grande contingente popular; no entanto, uma guerra ampla contra os lusitanos levava as autoridades a temer que essa massa pudesse reverter os destinos do Estado que pretendiam. Os portugueses, uma vez afastado o perigo da recolonização, eram aliados estratégicos numa coalizão entre proprietários contra os "anarquistas" e "inimigos do sossego público", além das relações familiares, comerciais e patrimoniais que iam se consolidando. Esse o grande dilema das elites baianas nas duas maiores crises antilusitanas em solo baiano, em dezembro de 1823 e em abril de 1831: a disputa nacional não podia ser separada de pautas mais amplas. Como aponta Gladys Ribeiro:

17 JANCSÓ; PIMENTA. *Peças de um Mosaico*, p. 173.

> É preciso compreender os conflitos antilusitanos não apenas como disputas de nacionalidades, mas como rixas e divergências com conteúdo político bem mais amplo. Elas traziam em si, por um lado, propostas e ideias de liberdade e participação ativa; por outro, questões relacionadas ao mercado de trabalho setorizado, segmentado e hierarquizado [...]. Evidente está que o problema da cor permeava as disputas pela sobrevivência.[18]

Nessa linha, as longas listas construídas em dezembro de 1824 e abril de 1831 com os nomes portugueses que deveriam ser expulsos da Bahia, assim como a prisão de muitos deles nas cadeias das vilas e da capital, não resultaram na efetiva expulsão dos mesmos. As autoridades protelaram sua a execução esperando que, com os ânimos populares arrefecidos e as ruas e quartéis mais tranquilos, os portugueses e seu capital pudessem permanecessem na província, integrados aos interesses dos proprietários baianos.

Mata-marotos: a radicalização do antilusitanismo

A Guerra de Independência na Bahia inaugurou um período de revés para os portugueses nela residentes. Durante todo o Primeiro Reinado, aqueles nascidos em Portugal que ocupavam cargos públicos foram alvo de desconfiança e alguns perderam seus postos; durante as crises antilusitanas de dezembro de 1823 e de abril de 1831, outros tantos portugueses tiveram seus nomes incluídos em listas para serem expulsos da Bahia; houve prisões e sequestro de bens; muitos foram hostilizados nas ruas,

18 RIBEIRO. *Op. cit.*, p. 247.

em suas casas ou negócios; ajuntamentos lhes gritavam "morte ao maroto" e, em alguns casos, esta ameaça foi cumprida.

Para muitos brasileiros, a Independência não se completaria se os nacionais fossem ainda preteridos de oportunidades de trabalho ocupadas por nascidos em Portugal que permaneceram depois da Guerra vir que continuavam a vir à Bahia e a outras partes do Brasil ganhar a vida. Nos anos pós-Independência e mesmo nas décadas seguintes, a disputa pelo mercado de trabalho foi um fator presente nos conflitos antilusitanos, na Bahia como em outras províncias do Império.[19]

Depois da guerra, as tensões envolvendo brasileiros e portugueses chegaram ao nível de revolta generalizada em dois momentos: em dezembro de 1823 e em abril de 1831. Na primeira oportunidade, a chegada das notícias sobre o fechamento da Assembleia Constituinte por Dom Pedro I causou um grande alvoroço na capital baiana. Os irmãos Miguel e Antonio Calmon du Pin Almeida – deputados constituintes recém-chegados do Rio de Janeiro – tentaram acalmar os ânimos, informando que o Imperador teria dado sua palavra de apresentar uma constituição liberal. A plebe insatisfeita reuniu-se em grande número, aos gritos de "morte ao maroto", nos arredores do prédio da câmara, onde as autoridades discutiam os recentes acontecimentos. Uma ata foi lavrada, acompanhada de uma lista de portugueses que deveriam ser expulsos da Bahia.

A crise de abril de 1831 estourou na Cidade da Bahia a partir da chegada das notícias do que ficou conhecido na his-

19 Para o caso do Rio de Janeiro, ver: RIBEIRO. *Op. Cit.*, p. 181 e ss. Para Pernambuco, cf. CARVALHO. *O antilusitanismo e a questão social em Pernambuco* e CÂMARA. *O "retalho" do Comércio.*

toriografia brasileira como Noite das Garrafadas.[20] À medida que as notícias chegavam com as embarcações vindas da capital imperial, o clima ia se acirrando. No dia 4 de abril de 1831, a cidade acordou com um levante militar que contou com grande apoio e participação popular. Em quartéis e fortificações pela cidade, tropas se aquartelaram e boatos de tiros correram as ruas. Apareceram ajuntamentos por toda a cidade, sendo o mais expressivo no forte do Barbalho, situado a cerca de dois quilômetros do Palácio do Governo, onde se reuniram cerca de 3.000 a 4.000 pessoas, número que pode ter chegado a mais de 10.000, na avaliação de um periódico baiano, com o afluxo de militares e paisanos nos dias seguintes.

Os rebeldes denunciavam que "violentas transgressões da Constituição se tem praticado nesta Província", dentre as quais, destacava-se a prisão de dois militares brasileiros.[21] O manifesto que divulgaram fazia referência a uma "facção Lusitana recolonizadora", atuando no Rio de Janeiro e na Bahia. Entre as reivindicações apresentadas, exigiam a demissão e expulsão do Governador das Armas da Província e do Comandante da Polícia, acusados de fazer parte da facção portuguesa. Listas com nomes de portugueses que deveriam ser expulsos da Bahia foram elaboradas, assim como em dezembro de 1823. Depois de alguns dias de negociação, da queda dos principais cargos da província, os rebeldes depuseram armas, dispersando o movimento.[22]

Se é possível localizar a Guerra de Independência e as crises de dezembro de 1823 e de abril 1831 como os momentos mais

20 RIBEIRO. *Op. Cit.*; SOUZA. *Pátria Coroada*, p. 342-344.

21 *Gazeta da Bahia*. Salvador, nº 25, 8 de abril de 1831.

22 TAVARES. *História da Bahia*, p. 260-261. GUERRA FILHO. *Antilusitanismo na Bahia*, p. 180-190.

críticos das desavenças entre baianos/brasileiros e portugueses, não se pode afirmar que o tempo entre um e outro foi de plena tranquilidade. Os portugueses que permaneceram na Bahia foram alvo de vigilância e muitos tiveram seus empregos colocados em xeque por brasileiros que pretendiam ocupar suas vagas. No primeiro caso, o vigário da paróquia de Santana, na capital da província, chegou a enviar para as autoridades um mapa com a faixa etária, o estado civil, a profissão e a "conduta" – exata, boa, pouco regular ou má – de 84 portugueses que ali moravam.[23]

Além de relatórios como esse, as autoridades locais também receberam pedidos para que demitissem portugueses, muitas vezes produzidos pelos próprios candidatos à vaga em questão. Foi assim que José Teodoro Guaraná requereu o cargo de boticário do Hospital dos Lázaros, que era ocupado pelo português Leonardo José de Freitas. O administrador do hospital subscreveu o pedido de Guaraná, apontando o fato de ter ele atuado "no Recôncavo com os doentes do Exército Pacificador, distinguindo-se com Louvável zelo pela causa do Brasil",[24] enquanto Freitas teria trabalhado para os seus conterrâneos durante a guerra. Já o guarda-mor da freguesia da Saúde seria substituído por ser "português muito oposto á causa do Brasil contra a qual empregou todos os meios que estavam a seu alcance, fazendo-se por isso celebre nesta cidade". O postulante, brasileiro, era merecedor daquele cargo, pois havia sofrido "os grandes incômodos de prisão", por ser partidário da independência.[25]

Uma das ações de grande significado político nos momentos de tensão antilusitana era o "ajuntamento". O ajuntamento,

23 APEB. Seção Colonial-Provincial. Maço 5213.

24 APEB. Seção Colonial-Provincial. Maço 637-3.

25 APEB. Seção Colonial-Provincial. Maço 637-3.

em geral, era acompanhado de gritos e ameaças, as "vozerias". Ajuntamentos contra portugueses ou seus atos demonstravam uma demarcação eminentemente política e que representava uma diferença nacional que, por sua vez, implicava em diferenças raciais e de classe. Não raro, essas manifestações podiam evoluir para a violência física. Tais formas de expressão política tiveram um papel importante desde a Guerra de Independência até a crise de abril de 1831.

Mesmo antes da guerra, no episódio do apedrejamento da procissão de São José na Cidade da Bahia,[26] houve um intenso debate e acusações mútuas entre os partidários de Madeira de Melo e seus adversários. Teria o ajuntamento que deu origem aos ataques sido premeditado e incentivado? Ou fora mera brincadeira de "moleques"? Entre a troca de acusações, um dos filhos do marechal Luis Paulino, então deputado da Bahia às Cortes de Lisboa, foi apontado pelos assessores próximos ao General português como sendo o "chefe dos moleques".[27]

Já durante a guerra de Independência, longe das trincheiras do cerco à Cidade da Bahia, populares lançavam mão dos ajuntamentos e vozerias para acuar portugueses. O juiz João

26 Poucas semanas após os desentendimentos de fevereiro de 1822, um significativo contingente militar português que saíra de outras províncias ao sul, fez parada na Bahia em sua viagem de retorno a Portugal. Por solicitação de Madeira de Melo, e após grande mobilização do corpo de comércio da Bahia, que arrecadou uma substancial quantia para bancar os custos, as tropas permaneceram na capital baiana. No dia de São José, 19 de março, muitos portugueses se reuniram à procissão como forma de comemorar o reforço. Em certo momento, o cortejo foi alvejado por diversas pedras que teriam sido lançadas por jovens negros e mestiços, o que ganhou grande repercussão política. Ver: TAVARES. *Independência do Brasil na Bahia*, p. 70-74.

27 FRANÇA. *Cartas Baianas*. Cartas 16 e 22.

José Tárcio, da vila de Camamu, teve a sua casa cercada por um grupo de cerca de 40 homens, "em razão de ser [ele] europeu". O tribunal popular, a "alteradas vozes", gritava: "morte ao juiz". Foi preciso a intervenção de autoridades locais para que o protesto fosse dispersado. Os poderosos daquela vila temiam que, depois do juiz Tárcio, a ira popular se virasse contra "nós, ou a outra qualquer Autoridade".[28] Apesar de todo o alvoroço, e de sua origem europeia, João José Tárcio teve seus serviços à Causa – incluindo uma vultuosa doação em dinheiro – reconhecidos na Lista Patriótica de Camamu.[29]

Depois da guerra, os ajuntamentos e as vozerias continuavam a acontecer, para espanto dos atores políticos mais atentos. Em março de 1824, nem se completara um ano após a guerra, o Padre Santana, de Porto Seguro, comunicou às autoridades provinciais a necessidade de que se fizesse "uma restrita Devassa sobre aqueles que em públicos ajuntamentos tem falado e costumadamente falam do Sábio Governo de S. M., especialmente pela conservação dos portugueses no Brasil".[30] Nestas reuniões, eram lidos "papéis incendiários" e republicanos, para desassossego do religioso.

Nove anos depois, em 1833, o mesmo vigário de Porto Seguro escrevia novamente às autoridades provinciais, sobre as persistentes rivalidades entre portugueses e brasileiros. Segundo

---

28 APEB, Colonial e Provincial, maço 637-4.

29 APEB, Colonial e Provincial, maço 637-7. Possivelmente, o Juiz deva ter dado uma contribuição tão substancial – o valor que ele doou foi quase a metade de todo valor arrecadado naquela vila – para despistar sua origem europeia. Além dessa estratégia, alguns nascidos em Portugal estavam entre os que trocaram seus sobrenomes por outros de referências indígenas. GUERRA FILHO. *Patriotismo na Guerra da Bahia.*

30 APEB. Seção Colonial-Provincial. Maço 5216.

ele, "na noite de 28 de junho foram os ditos portugueses assaz ofendidos em cantigas [...] e até aplaudidas por algumas Autoridades". As cantigas eram entoadas em quadras por um "rancho de Patriotas" que desfilava na rua do porto. O padre temia que, com tal desgosto, "o resto desta Classe de Cidadãos tão interessante ao aumento da Pátria que adotaram" se retirasse daquela vila.

Na narrativa do vigário de Porto Seguro, misturam-se a reunião de pessoas, caracterizando um ajuntamento, e os ataques verbais aos portugueses, neste caso, em forma de música, numa espécie de rebeldia festiva. As vozerias também foram um elemento de hostilidade aos portugueses e, quase sempre, associado ao ajuntamento, o que favorecia o anonimato e dificultava a identificação dos "cabeças".[31]

A partir de 1830, o "ajuntamento ilícito" passou a compor o rol de crimes policiais do Código Criminal brasileiro, que, em seu artigo 285, declarava: "Julgar-se-á cometido este crime, reunindo-se três, ou mais pessoas com a intenção de se ajudarem mutuamente para cometerem algum delito, ou para privarem ilegalmente a alguém do gozo, em exercício de algum direito, ou dever".[32] Desse modo, ao se referir a "ajuntamentos", as autoridades não estavam apenas descrevendo os eventos em si, mas, também, tipificando um crime.

Em certos momentos, os ajuntamentos e vozerias passavam a atos de violência física, fazendo com que os temores por parte dos portugueses de perder seus bens, verem seus lares e famílias violados, ou mesmo de sofrer agressões, ganhassem

31 APEB. Seção Colonial-Provincial. Maço 5212.

32 *Apud* DANTAS. *Revoltas, Motins, Revoluções*, p. 31.

corpo. O mês de abril de 1831 foi, certamente, o momento mais dramático para os portugueses na Bahia, com diversos episódios violentos na capital e nas vilas do interior, resultando em saques, espancamentos e mortes. Os gritos de "mata-maroto" foram utilizados como senha para que a violência contra os portugueses se instalasse na capital e nas vilas da província.

O cônsul português na Bahia, João Pereira Leite, registrou alguns episódios representativos do clima em que a província se encontrava naqueles dias de abril. Ele próprio havia sido ameaçado de morte depois que uma das suas correspondências endereçadas às autoridades locais foi publicada em um periódico baiano. Em ofícios enviados a seus superiores na Europa e no Rio de Janeiro, Leite narrou alguns assassinatos de portugueses, na tentativa de sensibilizar seus compatriotas da dramática situação, em busca de ajuda e orientação. Vejamos, a seguir, alguns desses casos.

Em Itapagipe, freguesia nos subúrbios da capital da província, dois casos: um português de mais de 70 anos foi ferido por um tiro de arma de fogo. Um cirurgião que tentou lhe dar socorro foi atacado por moradores locais "só por ter ido curar a um maroto", salvando-se a nado dos seus algozes. O corpo ficou insepulto por alguns dias e foi enterrado por seus escravos "na areia, a pouca distância da sua casa". Em outro caso, na mesma Itapagipe, outros dois portugueses foram mortos, também a tiros. Diante da iminente morte, teriam pedido assistência espiritual a um religioso para confessar-se e assim, acertar contas com o mundo espiritual. Assim como no caso anterior, o sacerdote que lhes foi assistir foi ameaçado, caso continuasse a ministrar-lhes a confissão, pois "marotos nem absolvição se lhes devia dar".

Outro português "bem estabelecido com seu armazém de molhados na Cidade Baixa" foi assassinado por um pardo "com quem em boa harmonia costumava conversar". O português descansava na porta de sua casa. O pardo, chegando-se ao português, haveria dito "é tempo, maroto, de pagares com a vida o que tens feito aos brasileiros" e deu-lhe uma facada na barriga.

Ainda na Cidade Baixa, um jovem português, entre 12 e 14 anos, foi capturado quando estava no cais tentando encontrar refúgio em alguma embarcação. Segundo o que soube o Cônsul, "o Jovem implorou à Divindade, suplicou a vida e as feras lhe responderam 'não te matamos, mas como tu gostas do mar, irás para o mar', e atando-lhe as mãos para trás, o lançarão ao mar". Mesmo amarrado, o jovem conseguiu bater-se até uma embarcação, onde alguns embarcados tentaram lhe socorrer. As "feras de terra" apontaram-lhes suas armas, avisaram que atirariam caso alguém o acudisse.

Por último, no Caminho Novo junto a São Francisco, um português dono de uma venda foi morto e enterrado por dois pardos que lhe convenceram que, para fugir do clima perigoso da cidade, era mais seguro esconder-se com eles que tentar a sorte em alguma embarcação. O português foi, então, assassinado com 16 baionetadas, tudo confessado "com altivez" ao Juiz de Paz da Freguesia da Sé.

Nas ruas da capital baiana, corpos de portugueses mortos ficavam expostos por dias e eram profanados, pois, ainda segundo Leite, "todos os que passavam davam nos seus Cadáveres muitas pauladas, picadas com Baionetas, espadas, etc. e lhe metiam charutos na boca".[33] Assim, como haviam feito durante a

---

33 A negação aos derradeiros sacramentos, a uma sepultura digna, em solo sagrado, e a profanação dos cadáveres parece ser uma última forma

guerra de 1822-1823, os periódicos portugueses publicaram relatos da violência que seus patrícios sofreram na crise de abril de 1831. O *Correio do Porto* de 16 de junho de 1831 caracterizou da seguinte forma os acontecimentos de 4 de abril:

> uma carnagem nos desprevenidos Europeus, às vozes de *mata*, *mata*, sendo mortos cento e tantos pelos tiros que davam continuamente, os quais puderam encontrar pelas ruas e janelas. Grande número de Europeus se retirou para o mar, e acolheu às Embarcações, escondendo-se outros nas Casas; porém em grande risco, pelo roubo que nelas se seguiu, durando 6 dias este primeiro ataque.[34]

Enquanto a capital vivia dias de tensão, nas vilas do Recôncavo se repetiam "as perseguições e cenas de horror".[35] O presidente da Câmara de Santo Amaro, João Lourenço de Ataíde Seixas, descreveu assim os acontecimentos de 17 de abril de 1831, naquela vila:

> as ruas ocupadas da canalha armada misturada com soldados Milicianos arrombando casas, espancando, e prendendo Portugueses; saqueando-lhes as casas e lojas, enfim, um perfeito tumulto em assuada com circunstancias agravantes. Gritavam os soldados que não queriam saber de Leis, nem de Autoridades, e [estas] vozes eram re-

estender a violência antilusitana ao pós-morte, levando em conta a importância dada aos católicos (fossem brasileiros ou portugueses) aos rituais fúnebres. Ver: REIS. *A Morte é uma Festa,* especialmente, p. 171.

34 *Correio do Porto*. Porto, 16 de junho de 1831.

35 GUERRA FILHO. *As Câmaras e o Povo.*

> petidas da negraria, e até escravos. Davam tiros pelas portas das casas, e não respeitavam a ninguém.

Tanto nas narrativas do cônsul Leite como nas do presidente Seixas, as diferenças nacionais estão vestidas de elementos sociais e raciais. O risco de uma revolta radical que atingisse, não só os europeus, mas os brasileiros – proprietários pretensamente brancos – acabava por reaproximar os antigos inimigos de armas, para contrapor essa plebe tantas vezes disposta a se rebelar contra o *status quo*.

Conclusão

Levando suas divergências com os portugueses a expressões de violência, fosse simbólica ou física, as classes populares escancaravam um conflito social em termos nacionais. Essas iniciativas embaraçavam as autoridades, sendo tratadas como rebeldia por ameaçar, na concepção dos poderosos, a ordem e o sossego público. Na medida em que ganhavam autonomia, distanciando a sua própria interpretação acerca da realidade social e dos rumos políticos da província, a plebe virava um problema para as autoridades provinciais, sempre prontas a combater qualquer protagonismo político das classes não proprietárias.

Aos olhos de muitos brasileiros, a presença de portugueses na Bahia, mesmo depois da guerra, não era condizente com os esforços e os riscos que haviam assumido durante os conflitos de 1822-1823. Ocupando empregos e cargos públicos, os portugueses desfrutavam, de forma injusta, de oportunidades que deviam ser exclusivamente dos nacionais. Ao mesmo tempo, punham em risco a soberania brasileira, exposta aos interesses dos portugueses que ali permaneciam. Mesmo depois de 1831, passados os momentos críticos dos mata-marotos, o antilusitanismo ainda permanecerá no cenário político como uma ameaça presente na vida política, sempre relembrado, a depender dos ventos.[36] A memória dos dias de abril de 1831 podia ser – como algumas vezes foi – mobilizada por lideranças que buscavam algum apoio popular para sua causa.

Referências bibliográficas

AMARAL, Braz do. *História da Independência na Bahia*. Salvador: Progresso, 1957.

ANDERSON, Benedict. *Comunidades Imaginadas*. São Paulo: Companhia das Letras, 2008.

ARAÚJO, Dilton Oliveira de. *O Tutu da Bahia: transição conservadora e formação da nação (1838-1850)*. Salvador: Edufba, 2009.

ARAÚJO, Ubiratan Castro de. *A Guerra da Bahia*. Salvador: UFBa/CEAO, 2001.

CÂMARA, Bruno Augusto Dornelas. *O "retalho" do comércio*: a política partidária, a comunidade portuguesa e a nacionalização do comércio a retalho, Pernambuco 1830-1870. Recife: UFPE (tese de doutorado), 2012.

CARVALHO, Marcus J. M. de. O antilusitanismo e a questão social em Pernambuco, 1822-1848. In: PEREIRA, Miriam Halpern; BAGANHA, Maria Ioannis; SILVA, Maria Beatriz Nizza da; MARANHÃO, Maria José (orgs.). *Emigração e imigração portuguesa*: séculos XIX e XX. 1ª edição. Lisboa: Editorial Fragmentos, 1993, v. 1, p. 145-160.

DANTAS, Monica Duarte. Introdução: Revoltas, Motins, Revoluções: das Ordenações ao Código Criminal. In: DANTAS, Monica Duarte (org.). *Revoltas, Motins, Revoluções*: Homens Livres Pobres e Libertos no Brasil do Século XIX. São Paulo: Alameda, 2011, p. 7-67.

36 ARAÚJO. *O Tutu da Bahia.*

FRANÇA, Antônio d'Oliveira Pinto da (org.). *Cartas Baianas, 1821-1824*. São Paulo: Companhia Editora Nacional, 1980.

GRAHAM, Richard. "Ao Mesmo Tempo Sitiantes e Sitiados": A Luta pela Subsistência em Salvador (1822-1823). In: JANCSÓ, István (org.). *Independência*: História e historiografia. São Paulo: Hucitec: Fapesp, 2005, p. 411-445.

GUERRA FILHO, Sérgio A. D. *O Antilusitanismo na Bahia do Primeiro Reinado (1822-1831)*. (Tese de Doutorado) Salvador: PPGH-UFBA, 2015.

GUERRA FILHO, Sérgio A. D. Patriotismo na Guerra da Bahia: tensões e reconfigurações na ordem paternalista: (1822-1823). In: LEAL, Maria das Graças de Andrade e SOUSA, Avanete Pereira (orgs.). *Capítulos de História da Bahia*: Independência. Salvador: Assembleia Legislativa da Bahia/Eduneb, 2017.

GUERRA FILHO, Sérgio A. D. As Câmaras e o Povo: a crise antilusitana de 1831 no interior da província da Bahia. *Clio*, v. 38, nº 2, p. 183-204, 2020.

JANCSÓ, István; PIMENTA, João Paulo G. Peças de um Mosaico (ou apontamentos para o estudo da emergência da identidade nacional brasileira). In: MOTA, Carlos Guilherme (org.). *Viagem Incompleta*: A experiência brasileira (1500-2000) Formação: Histórias. São Paulo: Editora SENAC São Paulo, 2000, p. 127-176.

MALERBA, Sobre o Tamanho da Comitiva. *Acervo*. Rio de Janeiro, v. 21, nº 1, p. 47-62, jan/jun 2008.

PIMENTA, João Paulo Garrido. Portugueses, americanos, brasileiros: identidades políticas na crise do Antigo Regime luso-americano. *Almanack braziliense*, São Paulo: IEB/USP, nº 3, p. 69-80, maio 2006.

REIS, João J. O jogo duro do Dois de julho: O "Partido Negro" na Independência da Bahia. In: REIS, João José, SILVA, Eduardo (org.). *Negociação e Conflito*: A resistência negra no Brasil escravista. São Paulo: Companhia das Letras, 1989, p. 79-98.

REIS, João J. *A Morte é uma Festa*: ritos fúnebres e revolta popular no Brasil do século XIX. São Paulo: Companhia das Letras, 1991.

RIBEIRO, Gladys Sabina. *A Liberdade em Construção*: identidade nacional e conflitos antilusitanos no Primeiro Reinado. Rio de Janeiro: FAPERJ/RelumeDumará, 2002.

SOUZA, Iara Lis Carvalho. *Pátria Coroada*: o Brasil como corpo político autônomo (1780-1831). São Paulo: EdUNESP, 1999.

TAVARES, Luis Henrique Dias. *História da Bahia*. (10ª edição). São Paulo: EDUNESP: Salvador: EDUFBA, 2001.

TAVARES, Luis Henrique Dias. *Independência do Brasil na Bahia*. Salvador: EdUFBA, 2005.

WISIAK, Thomas. Itinerário da Bahia na Independência do Brasil (1821-1823). In: JANCSÓ, István (org.). *Independência*: História e historiografia. São Paulo: Hucitec; Fapesp, 2005, p. 447-474.

Sobre o autor

Sérgio Armando Diniz Guerra Filho é doutor em História Social pela Universidade Federal da Bahia (UFBA), professor Adjunto da Universidade Federal do Recôncavo da Bahia (UFRB), atuando na licenciatura em História e no Mestrado Profissional em História da África, da Diáspora e dos Povos Indígenas. É professor no Mestrado Profissional em Ensino de História (ProfHistória) na Universidade do Estado da Bahia (Uneb). Foi professor da Educação Básica em Salvador. Tem se dedicado ao estudo da vida sociopolítica da Bahia na Independência e no pós-Independência, com foco na atuação das classes populares, suas rebeldias e seu protagonismo político. Tem organizado livros e publicado artigos e capítulos de livros sobre a temática e sobre o Ensino de História.

A trajetória de João Soares Lisboa e o projeto de governo "monarco-democrático" para o Brasil independente

Paula Botafogo Caricchio Ferreira

D. Pedro "Primeiro sem Segundo":[1] esta divisa, retirada do próprio periódico e usada pelos seus coevos para sintetizar sua radicalidade e republicanismo, associada ao redator do *Correio do Rio de Janeiro* teve tamanho efeito retórico que se perpetuou nas obras de autores como Varnhagen e Alexandre José de Mello Moraes, que se valeram dessa expressão para caracterizar João Soares Lisboa como um dos redatores mais radicais da província fluminense a atuar na Independência do Brasil.[2] Tal divisa, vista no contexto da arena pública da Corte, serviu aos opositores de João Soares Lisboa para difamá-lo. Afirmar que o redator do *Correio do Rio de Janeiro* era radical ou mesmo republicano

1 *Correio do Rio de Janeiro*. Rio de Janeiro, n. 157, 19 out. 1822, p. 697. Disponível em: <http://hemerotecadigital.bn.br>. Acesso em: 2/2/2022.

2 FERREIRA. *O princípio da moderação;* FERREIRA. *Negócios, impressos e política*, p. 26–42.

não diz muito sobre o projeto de Brasil que defendia. O objetivo da presente reflexão é analisar alguns pontos daquilo que João Soares Lisboa define como governo "Monarco-Democrático" ao problematizar a radicalidade e, por vezes, o republicanismo, atribuídos a esta concepção por seus coevos e pela literatura acadêmica. Esta análise se debruça sobre o período de exílio de João Soares Lisboa em Buenos Aires (1822-1823), considerado um marco de radicalização das suas ideias. Além disto, a produção textual pública e o engajamento político de João Soares Lisboa são cotejados com as tradições letradas e os quadros e dilemas políticos e culturais do final do século XVIII e início do XIX, e são apresentadas algumas questões que faziam parte da diversidade de projetos políticos para o Brasil durante o processo de sua independência.[3]

O perfeito negociante: de "comerciante de Porto Alegre" a de grosso trato na Corte

Em 1800, João Soares Lisboa veio, ainda jovem, do Minho para Porto Alegre. Progrediu no trato mercantil, associando seus negócios ao transporte de produtos gaúchos para a Bahia e ao abastecimento das tropas portuguesas no extremo-sul, em Montevidéu, e, posteriormente, na Corte. Em 1818, consolidou seus negócios, matriculando-se como negociante de *grosso trato*.[4] Ele é um caso típico de sucesso na carreira mercantil,[5] fez

3 FERREIRA. *Negócios, impressos e política*; SCHIAVINATTO. *Entre trajetórias e impérios*; XAVIER, SANTOS. *Cultura intelectual das elites coloniais.*

4 FERREIRA. *A trajetória mercantil de João Soares Lisboa.*

5 FERREIRA. *A trajetória mercantil de João Soares Lisboa*; FERREIRA. *Negócios, impressos e política*, p. 45-67.

como muitos portugueses sem origem nobiliárquica que vieram para o Brasil para ingressar no comércio, sobretudo a partir da segunda metade do século XVIII, quando os laços coloniais foram refeitos e o comércio ganhou papel relevante na modernização da economia lusitana pelo governo pombalino.[6] No campo das ideias e com base em leituras de vertentes jusnaturalistas e na definição de uma moral que subordinasse operações mercantis, o comércio seria responsável por distribuir a *civilização*.[7] Os debates iluministas e liberais do final do século XVIII transformaram o que se entendia por "governo dos povos", "lei natural" e "contrato social" e, consequentemente, pelo papel do comércio e de seus agentes.[8]

Na disputa por cargos na institucionalidade da monarquia, João Soares Lisboa fazia parte de um nicho específico de negociantes que teve êxito no *processo de aprendizagem mercantil*,[9] de natureza autodidata e prática. Estes negociantes rivalizavam com outros, como José da Silva Lisboa, que estudaram na Universidade de Coimbra ou haviam frequentado as Aulas de Comércio, criadas com o intuito de profissionalizar estes homens para ocuparem os mais prestigiados cargos na Fazenda do Império.[10] Apesar do sucesso de Soares Lisboa no comércio, partícipe que era da cul-

6 PEDREIRA. *Os homens de negócio da praça de Lisboa de Pombal ao vintismo (1755-1822)*, p. 46-95; XAVIER, SANTOS. *Op. Cit.*, p. 121-181.

7 PEDREIRA. *Op. Cit.*; SLEMIAN, CHAVES. *Estudo Introdutório*; VAZ. *Instrução e economia.*

8 CARDOSO. *O pensamento económico em Portugal nos finais do século XVIII*; CARDOSO. *Nas malhas do império*; FERREIRA. *Civique de Gastine (1793-1822) no Correio do Rio de Janeiro*; PEDREIRA. *Op. Cit.*; VAZ. *Op. Cit.*

9 Termo de PEDREIRA. *Op. Cit.*

10 SLEMIAN; CHAVES. *Op. Cit.*

tura de escrita e leitura mercantil, análises sobre a sua trajetória pública trataram estes elementos apenas de forma tangencial.[11]

O redator do *Correio do Rio de Janeiro*

Como redator do *Correio do Rio de Janeiro*, único periódico de tiragem diária a rivalizar com a *Gazeta do Rio de Janeiro*, João Soares Lisboa ganhou fama de redator "radical" e, depois, republicano.[12] Nesta função protagonizou o processo de politização dos debates e a construção da narrativa sobre a Independência.[13] Lúcia Maria Bastos Pereira das Neves destaca o protagonismo de João Soares Lisboa ao adotar "posturas mais radicais e democratas" baseadas na ideia de soberania popular.[14] Apesar de português de nascença, Soares Lisboa foi membro do "grupo brasiliense" ligado a Joaquim Gonçalves Ledo e a Januário da Cunha Barbosa, redatores do *Reverbero Constitucional Fluminense*. Eles defendiam uma constituição de princípios democráticos e oposta à concepção expressa pelos membros do "grupo coimbrão", como José da Silva Lisboa.[15] As publicações do *Reverbero* representavam, na imprensa fluminense, os interesses de um grupo de "liberais" que articulava proprietários de lavouras comerciais e donos de engenhos do Recôncavo e de Goitacazes, além de co-

11 FERREIRA. *Negócios, impressos e política*, p. 14-29; FERREIRA. *A trajetória mercantil de João Soares Lisboa*.

12 FERREIRA. *O princípio da moderação*. Cf. sobre o contexto de formação do "espaço público moderno": MOREL. *As transformações dos espaços públicos*.

13 FERREIRA. *Negócios, impressos e política*; LEITE. *Republicanos e libertários*.

14 NEVES. *Corcundas e constitucionais*, p. 45. Concepção semelhante em LUSTOSA. *Insultos impressos*.

15 KIRSCHNER. *Visconde de Cairu*; NEVES. *Corcundas e constitucionais*.

merciantes, negociantes atacadistas e burocratas. O grupo liderado por Gonçalves Ledo visava a elaboração de uma legislação que garantisse e formalizasse as mudanças ocorridas no mercado e eliminasse os obstáculos à mercantilização da produção, da terra e da força de trabalho. As publicações do *Reverbero* e do *Correio do Rio de Janeiro* e o engajamento político dos "liberais" expressavam a "astúcia" do comerciante, capaz de articular posicionamentos políticos conforme seus interesses mercantis.[16]

Renato Lopes Leite vincula os princípios dos republicanos de 1822 ao republicanismo da Confederação do Equador de 1824.[17] De acordo com ele, João Soares Lisboa era o principal representante da "imprensa libertária republicana" e, por isso, foi denunciado pelos seus contemporâneos nos processos judiciais movidos pelo governo da Corte e condenado na *Bonifácia*.[18] Segundo o autor, a convocação da Assembleia Legislativa do Brasil, em 3 de junho de 1822, constituiria o mais importante episódio do processo de Independência e "o melhor exemplo do poder de fogo da imprensa republicana". Lopes Leite conclui que a historiografia elevou o *Fico* e o *Sete de Setembro* a marcos do processo de Independência do Brasil através da escamoteação dos projetos republicanos.[19]

16 OLIVEIRA. *A astúcia liberal*, p. 196.

17 LEITE. *Republicanos e libertários...*, p. 49.

18 *Idem*, p. 227-228. *Bonifácia* é o nome pelo qual ficou conhecida, na historiografia, a devassa aberta em outubro de 1822 pelo Ministro José Bonifácio de Andrada para investigar a organização de um "conluio republicano" que envolveria liberais, tais como João Soares Lisboa, Joaquim Gonçalves Ledo, Januário da Cunha Barbosa e José Clemente Pereira. Foi transcrita na sessão "Documentos", no n. 462, 463 e 464 da *RIHGB*: SCHIAVINATTO; FERREIRA. *As rememorações da "bonifácia"*.

19 LEITE. *Op. Cit.*, p. 307-308.

Os diversos processos judiciais movidos pela Corte contra João Soares Lisboa reforçaram a sua imagem de redator radical. Em julho de 1822, foi acusado de "crime de injúria atroz" por Joaquim Maria da Gama Freitas Berquó e Francisco Maria Gordilho de Barbuda, criados do Príncipe Regente D. Pedro. No mês seguinte, Soares Lisboa foi indiciado por "abuso da liberdade de imprensa" e absolvido por júri popular. Nos últimos números de 1822 do *Correio*, o redator se destacou na arena pública fluminense por sua definição do que chamava governo "Monarco-Democrático". Esta concepção de uma monarquia fundada na "soberania popular", em direitos e liberdades naturais, garantidos por lei, e com ampla participação cidadã, vislumbrava um futuro republicano para o Brasil.[20] Em outubro de 1822, Soares Lisboa foi obrigado a encerrar a publicação do seu periódico e processado na *Bonifácia*. Tanto ele quanto outros réus se exilaram do Brasil.[21]

Exílio em Buenos Aires (1822-1823): conceitos e *experiência hispano-americana*

Antes de se retirar da Corte, João Soares Lisboa recebeu a outorga da procuração do Alferes Francisco Teles de Sousa, negociante de Entre Rios. Esta lhe conferia poderes para comercializar em nome do Alferes e justificava a sua transferência do Brasil aos domínios hispano-americanos.[22] No exílio, Soares

---

20 FERREIRA. *Civique de Gastine (1793-1822) no* Correio do Rio de Janeiro.

21 SCHIAVINATTO; FERREIRA. *As rememorações da "bonifácia"*, p. 201-238; FERREIRA. *Negócios, impressos e política*, p. 147-196.

22 *PROCURAÇÃO do Alferes Francisco Teles de Sousa a João Soares Lisboa*. Porto Alegre, 2 out. 1822. 1° Tabelionato de Porto Alegre. Transmissões e Notas. Códice 1815, Livro 44:45.

Lisboa viveu a efervescência da construção das repúblicas hispano-americanas recém-independentes, no contexto de retorno liberal na Espanha.[23] Desde as guerras de independência hispano-americanas de 1810, as *Provincias Unidas en Sud América* viviam um período de crise e instabilidade, fragmentação política e territorial e uma crescente militarização da política.[24] Em abril de 1821, Bernardino Rivadavia, Ministro de Governo da Junta de Representantes de Buenos Aires, apoiado pelos grupos mais poderosos, formados por grandes comerciantes e proprietários ligados ao comércio de produtos pecuários, implementou com sucesso um projeto de reformismo ilustrado.[25]

A participação de João Soares Lisboa, no exílio, em conflitos por territórios, negociações de víveres, armas e letras de câmbio, e circulação de pessoas e impressos entre a Província Cisplatina e Buenos Aires, foi fundamental para sua condenação por "conluio republicano" na *Bonifácia*, em julho de 1823.[26] No entanto, a associação estabelecida entre sua atuação junto aos hispano-americanos no comércio e imprensa e sua reputação de republicano mostra a multiplicidade de significados dos conceitos políticos disseminados nas regiões do antigo Vice-Reinado do Rio da Prata.[27]

---

23 FERREIRA. O exílio liberal no Cone Sul da América de 1820.

24 PIMENTA. *El Brasil y la declaración de independencia de las Provincias Unidas en Sudamérica (1816)*; MYERS. *Identidades porteñas*; TERNAVASIO. *Historia de la Argentina 1806-1852*, p. 119-148; HALPERIN DONGHI. *Revolução e Guerra*, p. 384-428; PIMENTA. *Estado e Nação no fim dos impérios ibéricos no Prata (1808-1828)*, p. 126-160.

25 TERNAVASIO. *Op. Cit.*, p. 140.

26 FERREIRA. *Negócios, impressos e política*, p. 233-253; FERREIRA. *O exílio liberal no Cone Sul da América de 1820*

27 FERNÁNDEZ SEBASTIÁN. *Liberalismos nacientes en el Atlántico iberoamericano*, p. 731.

Na concepção de monarquia de João Soares Lisboa através do que entendia por "Democrático" e à luz de sua *experiência hispano-americana* no exílio, ele apresentava ideias sobre a politização, ampliação e normatização da participação dos cidadãos semelhantes ao que Marcello Basile viria a chamar de *experiência republicana*. O autor utiliza a expressão para analisar os projetos de Brasil e a ação política na Corte durante o Período Regencial e discute as ideias republicanas através da politização de práticas informais de cidadania com a participação de atores até então marginalizados da política, experiências independentes do regime de governo.[28] Por sua vez, para Marco Morel, Soares Lisboa foi "um dos precursores do ideário radical dos liberais Exaltados".[29] De acordo com Silvia Carla Fonseca, o redator do *Correio* foi o porta-voz da *campanha federalista* na Corte, em 1823. Diante do caráter polissêmico do conceito de *república*, esta autora se debruça sobre os impressos produzidos nas províncias do Rio de Janeiro e Pernambuco no início do século XIX e identifica elementos fundamentais deste conceito, que envolvia a noção de império da lei, com a primazia ao bem comum e um regime de governo eletivo e temporário, independentemente de uma forma específica de governo. Tal postura convergia com a tendência liberal de escolher a monarquia constitucional e de, como afirma Xavier Guerra, defini-la com elementos tributários da tradição do humanismo cívico.[30] No momento de formação de uma esfera pública, relacionada à expansão da imprensa e de sociabilidades, esta tradição se desenvolveu em "mecanismos

28 BASILE. *O Império em construção*, p. 15.

29 MOREL. *A Revolução do Haiti e o Brasil Escravista*, p. 249.

30 FONSECA. *A ideia de República no Império do Brasil*, p. 12-15; 22-23.

informais de participação política"[31] amplamente disseminados na América.[32]

De acordo com Mario Sznajder e Luis Roniger, com os movimentos independentistas na América, o exílio se tornou um "mecanismo regulador" de sistemas políticos que eram "incapaces de crear modelos de participación plurales e inclusivos". O exílio mantinha a estabilidade do governo, contribuindo para reorganizar e superar dissidências políticas internas.[33] Fazia parte da experiência de exílio uma *dimensão geográfica* e outra *temporal*.[34] A primeira, mais evidente, era fruto do deslocamento dos exilados em redes de migrações políticas transfronteiriças e transoceânicas que interconectavam amplos setores das elites políticas e intelectuais ibero-americanas.[35] Por sua vez, a dimensão temporal do exílio se caracterizava pela mobilidade dos exilados entre marcos temporais, "en sus remembranzas, nostalgia e imaginación, al tiempo que mantienen planes y expectativas para el futuro",[36] que transformavam suas expectativas e projetos de futuro.[37] Ao formularem uma nova identidade, um *ethos*, sobretudo em um momento de efervescência e profundas transformações políticas, durante o fim do século XVIII e início do XIX, os exilados vivenciavam

31 *Idem*, p. 13.

32 FERREIRA. *O exílio liberal.*

33 RONIGER; SZNAJDER. *La Política del Destierro y El Exilio en América Latina.*

34 *Idem.*

35 FERNÁNDEZ SEBASTIÁN. *Op. Cit.*, p. 696-699; p. 713-714.

36 RONIGER; SZNAJDER. *Op. Cit.*

37 Cf. as categorias de *espaço de experiência* e *horizontes de expectativas* em KOSELLECK. *Futuro Passado.*

uma transformação em nível individual e coletivo e compartilhavam e redefiniam noções políticas e culturais.[38]

Apesar de terem tido experiências históricas únicas, os diversos contextos na América colonial e recém-independente eram uníssonos quanto à forma como concebiam e percebiam o tempo histórico, relativo a um fenômeno comum.[39] Isto permitia aos atores da época vislumbrar o *espaço de experiência* da América espanhola e dos novos países hispano-americanos como um *alargamento do espaço de alternativas.*[40] Neste sentido, tendo em vista a provisoriedade, as incertezas e a aceleração do tempo histórico,[41] a trajetória de João Soares Lisboa, visto como um personagem atlântico, é um exemplo de associação entre uma rede de informações ampliada pela circulação de impressos de variadas naturezas e uma malha já estabelecida de trocas comerciais e culturais. Estes elos eram potencializados por demandas políticas advindas da crise que, segundo João Paulo Pimenta, propiciavam "... condições de possibilidade para a criação de um espaço político específico no qual se define a indissociabilidade de destinos entre a América portuguesa e a América espanhola".[42] Esta *indissociabilidade* ou *interdependência das revoluções atlânticas*[43] alimentava as expectativas em relação ao *liberalismo*,

38 RONIGER; SZNAJDER. *Op. Cit.*

39 PIMENTA. *História dos conceitos e história comparada,* p. 58.

40 PIMENTA. *A independência do Brasil e a experiência hispano-americana (1808-1822)*, p. 30.

41 JANCSÓ; PIMENTA. *Peças de um mosaico.*

42 PIMENTA. *A independência do Brasil e a experiência hispano-americana (1808-1822)*, p. 60.

43 FERNÁNDEZ SEBASTIÁN. *Op. Cit.*, p. 713.

à *modernidade* e à construção do Estado e da nação do Brasil a partir da *experiência hispano-americana*.[44]

"Governo Monarco-Democrático": espaço *cívico* e virtude

No Rio da Prata e na Banda Oriental, o termo *liberal* tinha um sentido político-moral e dizia respeito à oposição feita ao despotismo e à tirania através da afirmação da liberdade e igualdade, com a defesa da institucionalização de um regime representativo, constitucional e republicano.[45] Apesar desta associação, ao se mapear e analisar o uso de *república* em periódicos publicados em Buenos Aires e Montevidéu de 1820 a 1824[46] observa-se que ele cobre uma diversidade de significados, caminhos políticos e projetos de Estado e que seria possível o Brasil e as repúblicas hispano-americanas compartilharem suas experiências, mostrando a complexidade e convivência de identidades múltiplas, fragmentadas e provisórias[47] em um governo

44 BASILE. *Op. Cit.*; MOREL. *As transformações dos espaços públicos*; MOREL. *A Revolução do Haiti*.

45 FERNÁNDEZ SEBASTIÁN. *Op. Cit.*, p. 706-707; WASSERMAN. *Liberal/Liberalismo*.

46 Os periódicos investigados integram a pesquisa de Pós-doutorado financiada pela FAPESP (2019-2022), no Departamento de História da Faculdade de Filosofia, Letras e Ciências Humanas da Universidade de São Paulo. Para sua análise, são referenciais a História dos Conceitos e as reflexões sobre *espaços de experiências* e *horizontes de expectativa* de Koselleck (*Futuro Passado: contribuição à semântica dos tempos históricos*), bem como a concepção de *experiência hispano-americana*, formulada por João Paulo Pimenta (*A independência do Brasil e a experiência hispano-americana (1808-1822)*).

47 BERBEL. *A nação como artefato*; CHIARAMONTE. *Ciudades, provincias, Estados*; JANCSÓ; PIMENTA. *Peças de um mosaico*.

representativo com regime monárquico e princípios, legitimidades ou linguagens republicanas.

O republicanismo *criollo*, inspirado em um "espírito" que convergia com as aspirações ao "direito de revolução", disseminado na Inglaterra do século XVIII e baseado nas formulações de Thomas Paine, enxergava a república como o fim último do governo, independentemente de seu regime. Nesta concepção, os negócios e o bem público deveriam reinar e contestar uma monarquia, na qual o rei governasse em benefício próprio. Na Espanha de fim do século XVIII, o termo era comumente associado à *res publica* romana, entendida como *el gobierno del público* sem um tipo específico de governo. Outra forma de entender *república* era como "causa pública" que conformava com um *ethos cívico*, também relativo a um caráter exclusivo de alguns povos e, por vezes, associado à república literária. No Absolutismo dos Bourbons, imaginava-se a "república feliz" de Santo Ambrósio, formada por uma república civil dedicada ao bem comum e que, inspirada em Cícero e Políbio, possibilitaria vislumbrar uma "monarquia republicana".[48] A Revolução Francesa radicalizou o emprego do termo *república* como sendo um antônimo de monarquia e sinônimo das leis francesas, próprias de um governo igualitário. Tal concepção foi disseminada, por exemplo, nos movimentos que eclodiram em Salvador (1793) e em Pernambuco (1817).[49]

Diante deste quadro de significados, uma questão fundamental na concepção de um governo "Monarco-Democrático" era a defesa de uma monarquia "democrática" com exercício de

48 LOMNÉ. *De la "República" y otras repúblicas*, p. 1258-1259.

49 *Idem*, p. 1260-1261.

princípios republicanos. Neste sentido, é exemplar o debate criado pelo redator do *El Argos de Buenos Aires*[50] com as publicações do *Diário do Rio de Janeiro*.[51] Ele transcreveu e traduziu para o espanhol o artigo do *Diário*, em que o redator deste periódico contestava a vocação da América para a república e defendia a construção de um sistema continental americano de monarquias, porque esta seria a forma de governo mais estável e capaz de enfrentar as investidas europeias para recuperar o domínio da América. O redator de Buenos Aires contestava a aproximação que seu oponente do Rio fazia entre republicanismo e democracia, tornando-os sinônimos e fundamentando a oposição entre governo monárquico e republicano. Para ele, "no toda república tiene el [carácter] de democracia".[52] Com base nas ideias do francês Conde Destutt de Tracy sobre os espíritos das leis de um Estado, o redator do *El Argos* afirmava que o termo *republicano* era muito vago, enquanto que *monárquico*, pressupunha a concentração do Poder Executivo nas mãos de uma só pessoa.[53]

Em notas à sua transcrição do artigo do *Diário do Rio de Janeiro*, o redator do *El Argos de Buenos Aires* afirmava que a existência de um "partido democrático puro" só existia na "fan-

---

50 Com duas a três edições semanais, *El Argos* (12/5/1821-24/11/1821; 19/1/1822- 19/10/1825) era o porta-voz do projeto ilustrado de Rivadavia. Vários de seus redatores foram membros da Sociedade Literária de Buenos Aires. BELTRAN. *Historia del Periodismo Argentino*, p. 135-140; LESCANO. *La prensa durante el período rivadaviano*.

51 *El Argos de Buenos Aires*. Buenos Aires, n. 37, 7/5/1823; n. 40, 17/51823; n. 41, 21/5/1823; n. 42, 24/5/1823. Disponível em: <https://catalog.hathitrust.org/Record/008920569>. Acesso em: 29/08/2021.

52 *El Argos de Buenos Aires*. Buenos Aires, n. 40, 17/5/1823 p. 164.

53 *El Argos de Buenos Aires*. Buenos Aires, n. 40, 17/5/1823 p. 164-165.

tasia de los Brasileños".[54] Para ele, não importava a forma ou o regime de governo. O seu sucesso dependia de seus cidadãos, em todos os escalões de governo, controlarem suas paixões e assim alcançarem as virtudes: "... Sea el republicanismo, sea el federalismo, sea en fin la monarquía templada, en todos ellos han de asomar las pasiones, porque ellas son de las que se sirven los gobiernos, para sus grandes designios. Su fin no es sofocarlas, sino darles aquella acción que opone al ciudadano en legal energía, compatible con la virtud [...] Esas virtudes son las que a fuerza de experiencias, ayudadas de la reflexión ya saliendo del seno mismo de los vicios".[55] Assim, seria possível uma monarquia que colocasse em exercício princípios republicanos para a definição de um governo moral, norteado pela virtude. O "Império da lei" e o bem comum seriam sustentáculos de uma monarquia virtuosa, que manteria a figura do rei, mas tornaria outros cargos e poderes eletivos e temporários, com base no mérito e na utilidade. Para tanto, bastaria operacionalizar os conceitos políticos advindos da realidade, história e do *espírito* das repúblicas hispano-americanas no Império do Brasil.

A argumentação do *El Argos* dialoga com a história do conceito *república* no mundo hispano-americano, marcado pela Revolução de Maio, de 1810, em que o princípio de *retroversão da soberania dos povos* transformou seu sentido. *República* passou a ser compreendida como "sinónimo de pueblo soberano", uma alternativa à monarquia, organizada em uma federação ou confederação.[56] Outro marco foi a Campanha de José Artigas, na Banda Oriental (1813), que disseminou a proposta de uma

54 *El Argos de Buenos Aires*. Buenos Aires, n. 40, 17/5/1823 p. 164.

55 *El Argos de Buenos Aires*. Buenos Aires, n. 40, 17/5/1823 p. 164-165.

56 MEGLIO. *República. Argentina - Río de la Plata*, p. 1271.

confederação republicana que exigia uma dimensão moral, ordenada pela igualdade e virtude. Esta definição se prolongou por toda a primeira metade do século XIX, no que Gabriel Di Meglio chama de "dualidade de sentido", constituída pela complementariedade das noções de um sistema de governo e da "figura ideal de virtud cívica". A partir de 1815, este quadro muda significativamente devido à crise política do governo revolucionário, impactando o conceito de *república* que passou a ser associado a uma forma de governo definida por um sistema representativo diferente da democracia.[57] Esta era a concepção majoritária nos periódicos publicados em Buenos Aires após a dissolução do governo central, em 1820, e impulsionou adeptos da monarquia constitucional e membros da elite da região do Rio da Prata a tenderem à solução republicana que assumia várias formas, mas nenhuma democrática. Aos olhos da elite, a república era uma forma de assegurar sua posição social diante das reivindicações populares por medidas mais igualitárias. Pode-se dizer que dissociar democracia de república permitia imaginar tanto uma monarquia constitucional com o exercício de princípios republicanos quanto uma república representativa não democrática. Por sua vez, no contexto luso-americano, Christian E. C. Lynch e Heloisa M. Starling identificam esta transformação a partir da Revolução do Porto, quando a liberdade de imprensa passou a impulsionar a disseminação de periódicos nos territórios portugueses da América que, de maneira geral, entendiam *república* como sinônimo de democracia ou de governo popular eletivo.[58]

57 *Idem*, p. 1272-1273.

58 STARLING; LYNCH. *República. Brasil*, p. 1285.

A partir destes parâmetros, em 1820 e 1824, os periódicos de Montevidéu e Buenos Aires debateram, com os termos da cultura política liberal, as diferenças entre utilidade, estabilidade, moralidade e justiça em governos monárquicos e republicanos. No periódico *El Espíritu de Buenos Aires*, seu redator contrapunha o que seria útil, honroso e virtuoso em cada um destes governos. Nos monárquicos, o útil era o *justo* e produzia *honra*; nos republicanos, o *justo* era o útil e a *honra* produzia a *virtude*. Por isto, "es preciso que al Espíritu le ocupe la virtud". Conclusão: "El gobierno monárquico se aproxima más al despótico en el republicano, tendiendo a vicios y virtudes mediocres". Para o redator, nas repúblicas, pelo contrário, tudo era *sublime* e os heróis das monarquias davam lugar a homens *ilustres*. A base da república era a *virtude* que deveria ser "exaltada" em seus cidadãos e o vício, "perseguido", pois isto garantiria a estabilidade do governo.[59]

Na concepção apresentada neste periódico, a justiça integraria a moral e o que era moral, por conseguinte, far-se-ia justo. A justiça era definida pela lei, com base no bem público.[60] A partir da definição de *justo*, opera-se uma transformação profunda na concepção do lugar da moralidade do governo, deslocando-a da pessoa moral personificada no rei, típica da ordem de Antigo Regime, para o governo e a nação, identificada na república liberal: o "gobierno es la persona moral más respetable de una nación".[61] Esta perspectiva recai indiretamente sobre o rei como figura distributiva: em um governo moral, o monarca não deteria o monopólio sobre a definição de critérios e a distribuição

---

59 *El Espiritu de Buenos Aires*. Buenos Aires, n. 17, 23/3/1822, p. 207; FERREIRA. *João Soares Lisboa contra a bonifácia.*

60 *El Espiritu de Buenos Aires*. Buenos Aires, n. 16, 20/3/1822, p. 189.

61 *El Espiritu de Buenos Aires*. Buenos Aires, n. 17, 23/3/1822, p. 207.

de Justiça e riquezas. Cargos, bens e títulos seriam distribuídos conforme critérios baseados no mérito e patriotismo do cidadão ao promover o bem comum e defender o governo e a nação.

Em uma república, a lei seria o dispositivo responsável pelo controle das paixões e promoveria o exercício das virtudes e da justiça no governo, por relacionar moral, virtude, trabalho e utilidade. Em última instância, a obediência à lei pelos cidadãos de todos os escalões garantiria o gozo da liberdade, na qualidade de "el primer carácter de todo gobierno republicano".[62] De acordo com o redator do *El Teatro de la Opinión*,[63] as "ciências morais" seriam "consecuencia inmediata de las ciencias físicas, y [entrarían] en el cuadro trazado por la naturaleza" para aperfeiçoamento da sociedade, "mostrando al hombre los modelos que él ha de seguir, lo transportan del mundo físico al mundo moral, y seguidamente al mundo social o político".[64] As virtudes sociais eram definidas pela moral e dispostas para assegurar, em sociedade, as leis naturais e fazer prosperar o governo pelo trabalho: "En una república todos deben ser virtuosos, y la virtud consiste en el trabajo, no en un lujo inútil".[65] Esta defesa de méri-

---

62 *El Centinela*. Buenos Aires, n. 19, 1/12/1822. Colecciones Digitales. Biblioteca Nacional Mariano Moreno. Buenos Aires. Disponível em: <https://catalogo.bn.gov.ar>. Acesso em: 28/08/2021.Impresso na tipografia dos Expósitos (28/07/1822-7/12/1823), foi redigido por Florencio y Juan Cruz Varela e Don Ignacio Núñez e tinha por epígrafe "¿Quién vive? ¡La Patria!". BELTRAN. *Op. Cit.*, p. 145-148.

63 Redigido por Francisco Agustín Wright e Angel Saraiva (25/5/1823-20/8/1824), foi impresso na Imprenta de Alvarez e na de Hallet. BELTRAN. *Op. Cit.*, p. 157-158.

64 *Teatro de la Opinión*. Buenos Aires, n. 4, 13/06/1823, p. 36-37. Colecciones Digitales. Biblioteca Nacional Mariano Moreno. Buenos Aires. Disponível em: <https://catalogo.bn.gov.ar>. Acesso em: 28/08/2021.

65 *Teatro de la Opinión*. Buenos Aires, n. 4, 13/06/1823, p. 37.

to, patriotismo e, em última instância, utilidade e trabalho como critérios distributivos do governo atraía negociantes que, como João Soares Lisboa, não possuíam uma origem nobiliárquica ou formação letrada formal, mas prosperaram no trato mercantil e almejavam ocupar cargos no governo. Estes critérios faziam parte da cultura de leitura e escrita mercantil que disseminava princípios e normas éticas para assegurar a moralidade dos negócios. Esta se daria através da preservação das leis naturais – reconhecidas nas experiências do "mundo físico" e compreendidas pela Lógica matemática e pelas Ciências Naturais – pelo controle das paixões dos homens.[66]

O desafio, na constituição da república, era estabelecer um conjunto de leis condizente com o "espíritu de los seres à quien se dirige" em termos de seus costumes, necessidades, paixões e ilustração, e tendo em vista a "felicidad común", o interesse público e o respeito dos direitos naturais. Com esta finalidade, era necessário "calcularlo todo por el interés general" e prescindir das paixões "que producen los intereses privados, para introducir, y admitir las instituciones políticas".[67] Em termos gerais, todo cidadão tinha o dever moral de conhecer e sustentar seus direitos, de permanecer atento ao exercício dos poderes e, por isto, era primordial que suas liberdades fossem regulamentadas de forma ampla através da definição de seus direitos e deveres na esfera cívica. Isto é, a participação popular deveria ser normatizada durante o exercício

---

66 BRIGOLA. *Ciência e política do pombalismo ao liberalismo.* PEDREIRA. *Op. Cit.*; VAZ. *Op. Cit.*

67 *El Espíritu de Buenos Aires.* Buenos Aires, n. 26, 13/6/1822, p. 309-310. Colecciones Digitales. Biblioteca Nacional Mariano Moreno. Buenos Aires. Disponível em: <https://catalogo.bn.gov.ar>. Acesso em: 28/08/2021. Publicado de fevereiro a julho de 1822, foi redigido anonimamente.

eleitoral e no cotidiano, em todas as esferas de inserção política e nas relações entre cidadãos e poderes do governo.[68]

De volta do exílio em defesa das liberdades políticas e civis

Ao retornar do exílio em Buenos Aires e após ser encarcerado, João Soares Lisboa publicou, com a ajuda de aliados, novas edições do *Correio*. Na edição de agosto,[69] transcreveu trechos da *Doctrine Sociale ou Principes Universels* (1821) de Charles-Jean B. Bonnin (1772-1846), político francês envolvido na Revolução Francesa e considerado um dos fundadores do direito constitucional, público e administrativo. Conhecida no mundo português, a obra era um compêndio das liberdades civis. Em seu prefácio, Bonnin afirmava sua crença em "verdades morais" registradas em leis justas, derivadas de "fatos naturais" e deduzidas por "demonstração rigorosa", tal como se fazia na matemática.[70]

A escolha de Bonnin, em 1823, se relacionava com a *experiência hispano-americana* de João Soares Lisboa, na medida em que, através dela, expressava seu desejo de sistematizar e avançar a configuração do espaço cívico, de modo semelhante ao que vivenciara no exílio em Buenos Aires. No tocante a esta regulamentação, Soares Lisboa publicou também a "doutrina" de Ramon Salas, catedrático em Leis da Universidade de Salamanca e Deputado nas Cortes de Cádis que, em 1821, produziu a primeira obra de direito constitucional publicada na Espanha,

68 *El Espíritu de Buenos Aires*. Buenos Aires, n. 5, 9/2/1822, p. 47; n. 19, 4/4/1822.

69 *Correio do Rio de Janeiro*. Rio de Janeiro, n. 1, 1/81823; n. 2, 2/8/1823.

70 BONNIN. *Doctrine Sociale ou Principes Universels*, p. 2-3.

Lições de Direito Público Constitucional.[71] Com esta transcrição, Soares Lisboa ampliou a noção de liberdade e radicalizou a definição apresentada, por exemplo, nas ideias de Bonnin.

Ramon Salas definia liberdade como a possibilidade do cidadão de também fazer o que as leis proibiam.[72] Advertia que a liberdade existia no gozo das "liberdades particulares" de cada indivíduo, garantido pelas "leis liberais" previstas em uma "Constituição".[73] De acordo com o autor, o melhor governo não teria uma forma fixa e seria definido por uma legislação que garantisse "ao homem uma maior dose de liberdade" e dele exigisse "menos sacrifícios para o fazer gozar dos benefícios sociais". Sua fórmula consistia em estabelecer leis baseadas na "moral" e no "princípio Geral, único, e exclusivo" da "utilidade geral, ou do maior número dos membros da sociedade".[74] Tal como o redator do *Correio do Rio de Janeiro* e de periódicos publicados em Buenos Aires e Montevidéu,[75] o autor relacionava a "moral" política à "utilidade" e ao desejo da maioria.[76]

Diferentemente de Bonnin, que restringia a liberdade ao controle das ações individuais pelo interesse do outro definido

---

71 FERREIRA. *João Soares Lisboa contra a bonifácia*; HERNÁNDEZ. *La Universidad Española, de Ramons Salas a la Guerra Civil*.

72 *Correio do Rio de Janeiro*. Rio de Janeiro, n. 8, 9/8/1823, p. 29-30.

73 *Correio do Rio de Janeiro*. Rio de Janeiro, n. 8, 9/8/1823, p. 30.

74 *Correio do Rio de Janeiro*. Rio de Janeiro, n. 8, 9/8/1823, p. 30.

75 Por exemplo, Cf. *El Pacifico Oriental de Montevideo*. Montevideo, n. 19, 26/04/1822. Publicaciones Periódicas del Uruguay. Disponível em: <www.periodicas.edu.uy>. Acesso em: 29/08/2021; *Teatro de la Opinión*. Buenos Aires, n. 4, 13/06/1823; *Revista Ligeira de Buenos Aires*. Buenos Aires, n. 1, 1/1/1822. Colecciones Digitales. Biblioteca Nacional Mariano Moreno. Buenos Aires. Disponível em: <https://catalogo.bn.gov.ar>. Acesso em: 28/08/2021.

76 *Correio do Rio de Janeiro*. Rio de Janeiro, n. 8, 9/8/1823, p. 30-31.

em lei, Ramon Salas ampliava a noção de liberdade e privilegiava a coação dos cidadãos a realizarem o que a lei determinava, mas sem se tornarem dependentes, mantendo-se livres para desobedecê-la. João Soares Lisboa associava leis, liberdades cívicas e governo com argumentos semelhantes utilizados em discursos políticos republicanos, herdados dos humanistas dos séculos XV a XVII, passados à Ilustração no século XVIII e apropriados pelos liberais, no final do século XVIII e início do século XIX. Tal como esta associação foi registrada nos periódicos publicados em Buenos Aires e Montevidéu,[77] a liberdade civil foi apresentada de modo "peculiar" nos jornais que mencionavam a formação de um governo e homem morais, dando destaque à analogia entre corpo individual e político e, sobretudo, às liberdades dos cidadãos, não tanto como "não dominação" e mais como leis que deveriam ter o consentimento de todos para se tornarem legítimas. Ademais, ao se preocupar, sobretudo, com a "extensão" destas liberdades e não com a sua origem, Soares Lisboa as desvinculava de uma forma específica de governo.[78]

Confederação do Equador e o *Desengano aos Brasileiros* (1824)

Em 1823, no *Correio do Rio de Janeiro*, seu redator não utilizava o termo *república* e reiterava a sua convicção de que a *melhor forma de governo* não se resumia à monarquia ou república, mas a um governo que beneficiasse a participação popular, o mérito e a utilidade, e que defendesse a liberdade e a proprieda-

77 DEMURO. *La prensa de Montevideo, 1814-1825*; FERREIRA. *A Imprensa de Montevidéu (1814-1825) como Fonte Histórica*; WINTER. *Imprensa Periódica e a Construção da Identidade Oriental.*

78 FONSECA. *Op. Cit.*, p. 13-14.

de. Estas concepções não eram exclusivas a Soares Lisboa, mas representavam um conjunto de princípios, termos, linguagem, práticas e sentimentos que ele compartilhava com homens como Cipriano Barata e Frei Caneca. Pela transcrição, no *Correio do Rio de Janeiro,* da *Sentinela da Liberdade na Guarita de Pernambuco* (1823) e das "Cartas de Pítia a Damião" (1823), Soares Lisboa se tornou porta-voz na Corte de uma *campanha federalista.*[79]

Neste mesmo ano, foi o único réu condenado na *Bonifácia*[80] e sua pena foi convertida em exílio do Brasil por D. Pedro I. Frustrado com o projeto de Constituição apresentado pelos Deputados (1823) e com a dissolução da Assembleia Legislativa do Brasil pelo Imperador (1824), chegou clandestinamente em Pernambuco.[81] Em Recife, hospedou-se na casa do presidente da província, Manuel de Carvalho Pais de Andrade,[82] protagonista da eclosão da Confederação do Equador, e retomou a atividade jornalística com a publicação do *Desengano aos Brasileiros*, no qual defendia o "sistema de governo" federalista e "desenganava" seus leitores sobre a história da independência do Brasil protagonizada pela dinastia de Bragança.[83]

No Couro D`Antas, em Pernambuco, João Soares Lisboa viveu seus últimos dias. Sua participação na Confederação do

79 Termo de FONSECA. *Idem.*

80 Ao longo de suas trajetórias, os outros réus negociaram com o Imperador, magistrados, com as autoridades das Câmaras e com o Ministro José Bonifácio de Andrada, viajando para Minas Gerais e São Paulo ou ocupando cargos como o de procurador da província do Rio de Janeiro, no caso de Joaquim Gonçalves Ledo. OLIVEIRA. *Op. Cit.*

81 FONSECA. *Op. Cit.*, p. 191-193.

82 *Desengano aos Brasileiros.* Recife, n. 1, 19 jun. 1824, p. 2. Biblioteca Nacional, Rio de Janeiro. Seção de Periódicos Raros.

83 FERREIRA. *Negócios, impressos e política*, p. 286-344.

Equador foi alvo de relatos em memórias sobre o evento e nos jornais do início do século XIX, que davam um enfoque positivo ou negativo, dependendo do sentido que queriam atribuir à luta pela federação ou república no Brasil.[84] Uma das versões mais relevantes é a que exalta a heroicidade de sua morte, registrada no diário de Frei Caneca, no calor da fuga das tropas imperiais. Em geral, esta versão foi utilizada para ratificar a radicalidade e o republicanismo de João Soares Lisboa.

Considerações finais

A trajetória pública de João Soares Lisboa tem muito mais a contar do que a sua imagem consagrada na literatura histórica como redator radical da província fluminense. Soares Lisboa foi formado por obras, impressos e sociabilidades letradas em circulação no império português, sobretudo desde o final do século XVIII e o *Correio* disseminava ideias sobre a "Natureza", suas leis e direitos que eram potencialmente contestadoras ao ampliarem o papel do "Povo" no novo pacto social em vias de ser estabelecido.[85] Pelo menos até 1823, Soares Lisboa não foi um republicano antimonarquista. Não obstante seu exílio ter sido lido pelos contemporâneos como marco de radicalização da sua trajetória, o periodista considerava que um governo de liberdade era independente de um rei ou presidente e dependia de um governo moral com uma maior e regulamentada participação política dos cidadãos no espaço cívico.

---

84 FONSECA. *Op. Cit.*, p. 201-202; FERREIRA. *Negócios, impressos e política*, p. 335-344.

85 FERREIRA. *Civique de Gastine.*

As publicações do *Desengano aos Brasileiros* – mais radicais na contestação da ordem por Soares Lisboa ter sido mais categórico em seu antimonarquismo – foram relegadas ao esquecimento junto com a sua versão da história da *Independência* que maculava a imagem da dinastia de Bragança. Igualmente, nas histórias regionais, enquanto Cipriano Barata, Frei Caneca e Manoel de Carvalho Paes de Andrade foram alçados à categoria de heróis e de célebres brasileiros, a trajetória de João Soares Lisboa foi utilizada como referência para qualificar suas memórias e ele ser lembrado como republicano por suas publicações do *Correio do Rio de Janeiro* e ser visto como coadjuvante na Confederação do Equador.[86]

Referências bibliográficas

BASILE, Marcello Otávio Neri de Campos. *O Império em construção*: projetos de Brasil e ação política na Corte regencial. Tese (Doutorado em História Social), Universidade Federal do Rio de Janeiro, 2004.

BELTRAN, Oscar R. *Historia del Periodismo Argentino. Pensamiento y Obra de los Forjadores de la Patria*. Buenos Aires: Editorial Sopena Argentina, 1943.

BONNIN, Charles-Jean Baptiste. *Doctrine Sociale ou Principes Universels des lois et des rapports de peuple a peuple déduits de la nature de l'homme et des droits du genre humain.* Paris: Chez Klepper, 1821.

BRIGOLA, João Carlos Pires. *Ciência e política do pombalismo ao liberalismo*: Francisco Simões Margiochi. 1990. Dissertação (Mestrado em História Cultural e Política) – Faculdade de Ciências Sociais e Humanas - Universidade Nova de Lisboa, Lisboa, 1990.

86 FERREIRA. *Negócios, impressos e política*, p. 335-344.

CARDOSO, José Luís. *O pensamento económico em Portugal nos finais do século XVIII*. Lisboa: Estampa, 1989.

CARDOSO, José Luís. Nas malhas do império: a economia política e a política colonial de D. Rodrigo de Souza Coutinho. *A economia política e os dilemas do império luso-brasileiro (1790-1822)*. Lisboa: Comissão Nacional para as Comemorações dos Descobrimentos Portugueses, 2001, p. 64-109.

CHIARAMONTE, José Carlos. *Ciudades, provincias, Estados*: Orígenes de la Nación Argentina (1800-1846). Buenos Aires: Ariel Historia, 1997.

DEMURO, Wilson González. *La prensa de Montevideo, 1814-1825*. Imprentas, periódicos y debates públicos en tiempos de revolución. Montevideo: Ediciones Universitarias, 2018.

FERNÁNDEZ SEBASTIÁN, Javier. Liberalismos nacientes en el Atlántico iberocamericano: "liberal" como concepto y como identidad política, 1750-1850. In: *Diccionario político y social del mundo iberoamericano. La era de las revoluciones, 1750-1850*. Iberoconceptos-I. Madrid: Fundación Carolina/Sociedad Estatal de Conmemoraciones Culturales/Centro de Estudios Políticos y Constitucionales, 2009, p. 695-731.

FERREIRA, Paula Botafogo Caricchio. O princípio da moderação e a condenação de João Soares Lisboa na bonifácia: a interpretação de Mello Moraes na obra "A Independência e o Império do Brasil" (1877). In: RIBEIRO, Gladys Sabina; MARTINS, Ismênia de Lima; FERREIRA, Tânia Bessone da Cruz (org.). *O oitocentos sobre novas perspectivas*. São Paulo: Alameda, 2014, p. 253-274.

FERREIRA, Paula Botafogo Caricchio. *Negócios, impressos e política*: a trajetória pública de João Soares Lisboa (1800-1824). Tese (Doutorado em História), Universidade Estadual de Campinas, 2017.

FERREIRA, Paula Botafogo Caricchio. Civique de Gastine (1793-1822) no *Correio do Rio de Janeiro*: Pacto Colonial, Economia Política e as Independências da América. *Estudos Ibero-Americanos*, 46(2), p. 1-15, 2020.

FERREIRA, Paula Botafogo Caricchio. A trajetória mercantil de João Soares Lisboa: de "comerciante de Porto Alegre" a negociante de grosso trato na Corte do Rio de Janeiro (1800-1818). *Revista do Instituto Histórico e Geográfico do Rio Grande do Sul*, v. 157, p. 13-39, 2020. Disponível em: <https://seer.ufrgs.br/revistaihgrgs/article/view/107543>. Acesso em: 29/08/2021.

FERREIRA, Paula Botafogo Caricchio. O exílio liberal no Cone Sul da América de 1820: o caso de João Soares Lisboa em Buenos Aires (1822-1823). *Revista Complutense de Historia de América*, n. 47, p. 67-88, 2021. Disponível em: <https://revistas.ucm.es/index.php/RCHA/article/view/75320>. Acesso em: 13/09/2021.

FERREIRA, Paula Botafogo Caricchio. A Imprensa de Montevidéu (1814-1825) como Fonte Histórica. *Almanack*, n. 28, set. 2021. Disponível em: <https://periodicos.unifesp.br/index.php/alm/article/view/11800>. Acesso em: 13/09/2021.

FERREIRA, Paula Botafogo Caricchio. João Soares Lisboa contra a *bonifácia*: a experiência hispano-americana durante o exílio contra o "Despotismo Togal". *Outros Tempos: Pesquisa Em Foco - História*, 19(33), jan. 2022, p. 193-229.

FERNÁNDEZ SEBASTIÁN, Javier. Liberalismos nacientes en el Atlántico iberocamericano: "liberal" como concepto y como identidad política, 1750-1850. In: *Diccionario político y social del mundo iberoamericano. La era de las revoluciones, 1750-1850*. Iberoconceptos-I. Madrid: Fundación Carolina/Sociedad Estatal de Conmemoraciones Culturales/Centro de Estudios Políticos y Constitucionales, 2009, p. 695-731.

FONSECA, Silvia Carla Pereira de Brito. *A ideia de República no Império do Brasil*. Rio de Janeiro e Pernambuco (1824-1834). Jundiaí: Paco Editorial, 2016.

HALPERIN DONGHI, Tulio. *Revolução e Guerra*. Formação de uma elite dirigente na Argentina criolla. São Paulo: Hucitec, 2015.

HERNÁNDEZ, Ricardo Robledo. *La Universidad Española, de Ramons Salas a la Guerra Civil*. Valladolid: Junta de Castilla y Leon, 2014.

JANCSÓ, István; PIMENTA, João Paulo G. Peças de um mosaico (ou apontamentos para o estudo da emergência da identidade nacional brasileira). In: MOTA, Carlos Guilherme (org.). *Viagem incompleta*: a experiência brasileira: 1500-2000. São Paulo: Senac, 2000, p. 127-175.

KIRSCHNER, Tereza Cristina. *José da Silva Lisboa, Visconde de Cairu*: itinerários de um ilustrado luso-brasileiro. São Paulo: Martins Fontes, 1999.

KOSELLECK, Reinhart. *Futuro Passado*: contribuição à semântica dos tempos históricos. Rio de Janeiro: Contraponto, Ed. PUC Rio, 2006.

LEITE, Renato Lopes. *Republicanos e libertários*: pensadores radicais no Rio de Janeiro, 1822. Rio de Janeiro: Civilização Brasileira, 2000.

LESCANO, Mariana Paula. La prensa durante el período rivadaviano: *El Argos de Buenos Aires* (1821-1825). *Almanack*, n. 9, p. 136-152, 2015.

LOMNÉ, Georges. De la "República" y otras repúblicas: la regeneración de un concepto. In: FERNÁNDEZ SEBASTIÁN, Javier (org.). *Diccionario político y social del mundo iberoamericano.* La era de las revoluciones, 1750-1850. Iberoconceptos-I. Madrid: Fundación Carolina/Sociedad Estatal de Conmemoraciones Culturales/Centro de Estudios Políticos y Constitucionales, 2009, p. 1253–1269.

LUSTOSA, Isabel. *Insultos impressos*: a guerra dos jornalistas na Independência, 1821-1823. São Paulo: Companhia das Letras, 2000.

MEGLIO, Gabriel di. República. Argentina - Río de la Plata. In: FERNÁNDEZ SEBASTIÁN, Javier (org.). *Diccionario político y social del mundo iberoamericano.* La era de las revoluciones, 1750-1850. Iberoconceptos-I. Madrid: Fundación Carolina/Sociedad Estatal de Conmemoraciones Culturales/Centro de Estudios Políticos y Constitucionales, 2009, p. 1270–1281.

MOREL, Marco. *As transformações dos espaços públicos*: imprensa, atores políticos e sociabilidades na cidade imperial, 1820-1840. São Paulo: Hucitec, 2005.

MOREL, Marco. *A Revolução do Haiti e o Brasil Escravista*: O Que Não Deve Ser Dito. Jundiaí, SP: Paco Editorial, 2017.

MYERS, Jorge. Identidades porteñas. El discurso ilustrado en torno a la nación y el rol de la prensa: *El Argos de Buenos Aires*, 1821-1825. In: ALONSO, Paula (org.). *Construcciones impresas, panfletos, diarios y revistas en la formación de los estados nacionales en América Latina*. México: FCE, 2004, p. 39-63.

NEVES, Lúcia Maria Bastos Pereira das. *Corcundas e constitucionais*: a cultura política da independência, 1820-1822. Rio de Janeiro: FAPERJ, 2003.

OLIVEIRA, Cecília Helena de Salles. *A astúcia liberal*: relações de mercado e projetos políticos no Rio de Janeiro (1820-1824). São Paulo: USF, 1999.

PEDREIRA, Jorge Miguel de Melo Viana. *Os homens de negócio da praça de Lisboa de Pombal ao vintismo (1755-1822)*. Diferenciação, reprodução e identificação de um grupo social. 1995. Tese (Doutorado em Economia) - Curso de Sociologia e Economia Históricas, Faculdade de Ciências Sociais e Humanas, Universidade Nova de Lisboa, Lisboa, 1995.

PIMENTA, João Paulo Garrido. *Estado e Nação no fim dos impérios ibéricos no Prata (1808-1828)*. São Paulo: Hucitec/FAPESP, 2002.

PIMENTA, João Paulo Garrido. História dos conceitos e história comparada: elementos para um debate. *Almanack Braziliense*, n. 07, p. 56–60, maio 2008.

PIMENTA, João Paulo Garrido. *A independência do Brasil e a experiência hispano-americana (1808-1822)*. São Paulo: Hucitec/ FAPESP, 2015.

PIMENTA, João Paulo Garrido. El Brasil y la declaración de independencia de las Provincias Unidas en Sudamérica (1816).

Prismas - Revista de Historia Intelectual, v. 20, n. 2, p. 171-178, 2016.

RONIGER, Luis; SZNAJDER, Mario. *La Política del Destierro y El Exilio en America Latina*. México: Fondo de Cultura Económica, 2014.

SCHIAVINATTO, Iara Lis. Entre trajetórias e impérios: apontamentos de cultura política e historiografia. *Tempo*, v. 27, p. 35-47, jun. 2009.

SCHIAVINATTO, Iara Lis; FERREIRA, Paula Botafogo Caricchio. As rememorações da "bonifácia": entre a devassa de 1822 e o Processo dos cidadãos de 1824. *Revista do IHGB*, v. 175, n. 462, p. 201-238, 2014.

SCHIAVINATTO, Iara Lis; FERREIRA, Paula Botafogo Caricchio. As rememorações da "bonifácia": entre a devassa de 1822 e o Processo dos cidadãos de 1824. *Revista do IHGB*, v. 175, n. 463, p. 288-347, 2014.

SCHIAVINATTO, Iara Lis; FERREIRA, Paula Botafogo Caricchio. As rememorações da "bonifácia": entre a devassa de 1822 e o Processo dos cidadãos de 1824. *Revista do IHGB*, v. 175, n. 464, p. 291-348, 2014.

SLEMIAN, Andrea; CHAVES, Cláudia Maria das Graças. Estudo Introdutório. *In*: SLEMIAN, Andrea; CHAVES, Cláudia Maria das Graças (orgs.). *Obras de Manoel Luis da Veiga*. São Paulo: Edusp, 2012, p. 15-46.

STARLING, Heloisa M.; LYNCH, Christian Edward Cyril. República. Brasil. In: FERNÁNDEZ SEBASTIÁN, Javier (org.). *Diccionario político y social del mundo iberoamericano. La era de las revoluciones, 1750-1850*. Iberoconceptos-I. Madrid: Fundación Carolina/Sociedad Estatal de Conmemoraciones Culturales/Centro de Estudios Políticos y Constitucionales, 2009, p. 1282-1292.

TERNAVASIO, Marcela. *Historia de la Argentina 1806-1852*. Buenos Aires: Siglo Veintiuno Editores, 2009.

VAZ, Francisco António Lourenço. *Instrução e economia*: as ideias económicas no discurso da ilustração portuguesa (1746-1820). Lisboa: Edições Colibri, 2002.

XAVIER, Ângela Barreto; SANTOS, Catarina Madeira. Cultura intelectual das elites coloniais. *Cultura. Revista de História e Teoria das Ideias*, v. 24, p. 9-33, 2007.

WASSERMAN, Fabio. Liberal/Liberalismo. Argentina - Río de la Plata. In: SEBASTIÁN, Javier Fernández (ed.). *Diccionario político y social del mundo iberoamericano.* La era de las revoluciones, 1750-1850. Iberoconceptos-I. Madrid: Fundación Carolina/Sociedad Estatal de Conmemoraciones Culturales/ Centro de Estudios Políticos y Constitucionales, 2009, p. 732-743.

WASSERMAN, Fabio. Revolución y Nación en el Río de la Plata (1810-1860). In: *La Construcción de la Nación Argentina.* El rol de las fuerzas armadas. Debates históricos en el marco del Bicentenario (1810-2010). Buenos Aires: Ministerio de Defensa, 2010, p. 35-42.

WINTER, Murillo Dias. *Imprensa periódica e a construção da identidade Oriental (Província Cisplatina - 1821-1828).* Porto Alegre: Editora Fi, 2018.

Sobre a autora

Paula Botafogo Caricchio Ferreira é pós-doutoranda em História na Universidade de São Paulo, com financiamento da FAPESP e membra do LabMundi. É doutora em História pela Universidade Estadual de Campinas, com sanduíche na Universidade de Lisboa, mestre em História Social pela Universidade de São Paulo e cursou o *Máster en Historia del Mundo Hispánico: Las Independencias en el Mundo Iberoamericano*, na Universidad Jaume I.

Comerciando gente e comprando livros: Pedro de Araújo Lima entre Pernambuco e Portugal nas décadas de 1810 e 1820

Paulo Henrique Fontes Cadena

Introdução

Em setembro de 1822, Pedro de Araújo Lima (1793–1870), futuro Marquês de Olinda, não estava no Brasil. Desde 1821, o filho de Manoel de Araújo Lima, senhor do Engenho Antas (Pernambuco), estava em Portugal como Deputado às Cortes de Lisboa. Não era a primeira vez que estava na Europa: estudou em Coimbra nos anos 1810. Para que conseguisse a ascensão política e econômica dos Araújo Lima, o seu pai realizou alianças frutíferas com os comerciantes de carne humana mais proeminentes de Pernambuco. O projeto deu certo: o filho foi regente do Império (1837 – 1840), Senador e Ministro em várias ocasiões.

Manoel de Araújo Lima casou sua filha – Rita Florência de Lima[1] – com o comerciante português radicado em Pernambuco, José Gonçalves Pereira.[2] A aliança daria frutos: muitos filhos traficantes de escravizados, atuando em Pernambuco nas décadas de 1830 e 1840;[3] além dos contatos com comerciantes de gente, como era o caso de Bento José da Costa e Joaquim Elias Xavier, que aparecerão – abundantemente – nas próximas páginas.

O passaporte de Joaquim Elias Xavier (1802) informa ser natural de Lisboa, sendo autorizado a sair de Pernambuco.[4] Bem relacionado, servia como correspondente e agente de comerciantes do Recife em Portugal, se levarmos em conta as relações de Gonçalves Pereira. Era perito na transformação do açúcar em dinheiro. Dono do bergantim ou brigue *Ligeiro*, aparece nas viagens da plataforma *Slave Voyages* carregando gente escravizada entre África e Brasil.[5]

---

1 Rita Florência de Lima faleceu aos 24 de outubro de 1834, no Recife. Instituto Arqueológico, Histórico e Geográfico Pernambucano (IAHGP). *Inventário de Rita Florência de Lima, 1836.*

2 Segundo o seu registro de óbito, morreu José Gonçalves Pereira em 20 de maio de 1836, aos 58 anos. Era natural do Bispado do Porto. Foi sepultado na Matriz do Corpo Santo, na Freguesia de São Frei Pedro Gonçalves do Recife. Arquivo Dom José Lamartine da Arquidiocese de Olinda e Recife. *Livro de Óbitos da Igreja do Corpo Santo. 1831 – 1841.*

3 Os filhos de Rita Florência de Lima e José Gonçalves Pereira foram: Manoel Gonçalves Pereira Lima, Antonio Gonçalves Pereira, Delfino Gonçalves Pereira Lima e Maria do Espírito Santo, casada com José Gonçalves Cascão. O grupo atuou no comércio de escravizados entre Pernambuco e a Costa da África nas décadas de 1830 e 1840. Para saber mais: CADENA. *O Vice Rei,* p. 191-199.

4 Projeto Resgate Barão do Rio Branco. AHU_ACL_CU_015, Cx.234, D. 15797.

5 Ao menos em 1811, o *Ligeiro* carregou cativos. Vide: http://www.slavevoyages.org/voyage/47215/variables.

Outro comerciante de carne humana era Bento José da Costa. Vivia em Pernambuco, no início do século XIX. Nasceu em Portugal, em 1758. Foi vereador da Câmara do Recife em 1815[6] e morreu em 1834. Está sepultado no altar-mor da capela de Nossa Senhora da Conceição das Barreiras, local turístico no Recife. Os frequentadores do Parque da Jaqueira, onde se situa a capela e a pedra tumular, ignoram a presença de um traficante de gente inumado ali.

Bento José da Costa era um dos homens mais ricos de Pernambuco, possuidor de engenhos e casas comerciais.[7] Segundo Marcus Carvalho, "Bento tinha seus próprios navios, que desembarcavam africanos nas praias mais próximas dos seus engenhos [...] durante toda a vida, foi um homem influente na política local".[8] Disse Tollenare: Domingos José Martins, um dos líderes da revolução de 1817, ameaçou o traficante para obter a filha em casamento, "um dos primeiros usos que fez do poder", um ato nada romântico, "haver empregado a ameaça". Todavia: "A mão desta moça lhe tinha sido recusada antes da sua elevação [ao governo provisório]".[9] O viajante francês ainda indicava, para os fins da revolução: "receava-se pelo sr. Bento José da Costa [em prisão], sogro do sr. Martins; mas parece que ele se justificou".[10] Ao fim, conta Carvalho: "depois dessa aventura, Bento tornou-se amigo de farra do último governador português antes da Independência, o general Luís do Rego". Ainda fez parte da primeira junta de governo, junto do presidente, Gervásio Pires Ferreira. Ao que pare-

6 SOUZA. *Elites e exercício de poder no Brasil Colonial*, p. 609-611.

7 CARVALHO. *Liberdade*, p. 120.

8 *Idem*, p. 155.

9 TOLLENARE. *Notas dominicais*, p. 177.

10 *Idem*, p. 206.

ce, Pedro de Araújo Lima encontrava-se nesse complexo jogo da política, em que todos esses homens estavam inseridos: era parte desse projeto de entrada e tomada do poder, era um representante desse grupo de comerciantes.

Naqueles dias, quando se iniciava o processo que viria a resultar na independência do Brasil, os mesmos navios que levavam dinheiro, açúcar e doces também comportavam informações sobre o lado de cá do Atlântico. Muito do que foi embarcado por Manoel de Araújo Lima para Portugal, transformou-se em livros e escravizados. Os comerciantes que carregavam açúcar de Pernambuco a tornar-se metal em Portugal, eram aqueles que adquiriam livros para o jovem Pedro e compravam gente na Costa da África. O objetivo deste texto é estudar o trânsito de Pedro de Araújo Lima entre os traficantes que realizavam comércio entre Pernambuco, África e Portugal; nisso, entravam contas de livros e outras necessidades.

Para tanto, utilizaremos, em maior parte, dois manuscritos acondicionados no Instituto Histórico e Geográfico Brasileiro (IHGB). O primeiro é uma série de papéis escritos em números e nomes de pessoas. De autoria de Manoel de Araújo Lima, traz adições de notas pelo seu filho, Pedro. É um texto fragmentário, com diversas colocações sobre a vida de Pedro de Araújo Lima, sendo uma espécie de memória paterna sobre passagens da trajetória do rebento. O segundo documento consta de cópias de contas passadas a José Gonçalves Pereira por alguns representantes radicados em Portugal. Ambas as pastas trazem informações importantes sobre a vida de Pedro e as conexões realizadas entre seu pai e os traficantes de escravizados. Outros documentos serão vistos em menor escala durante o fazer desta leitura.

Os gastos de um futuro bacharel: entre açúcar, gente escravizada e livros

Em 1806, José Gonçalves Pereira possuía uma loja no Recife. Em seu estabelecimento, o cunhado Pedro de Araújo Lima realizou gastos quando menino. O pai, Manoel de Araújo Lima, pagava as custas e registrava: as caixas de açúcar eram transformadas em financiamento.[11] Ao que parece, o genro fazia a venda do produto do Engenho de Manoel de Araújo Lima para Portugal: enviava as caixas para Lisboa e retornava dinheiro. Talvez o casamento com Rita Florência fosse resultado dessa conjunção comercial: o pai enlaçava a filha ao comerciante que atravessava o seu açúcar.

Entre abril de 1807 e dezembro de 1812, Pedro de Araújo Lima permaneceu na casa de José Gonçalves Pereira; daí, partiu para estudar em Portugal. Costa Porto lembrou: "muito rapaz do interior foi assim que estudou: interno, em casa de parentes, de amigos de confiança, via de regra daqueles comissários de praça, agentes e gestores de negócios dos senhores de engenho". E foi assim que aconteceu com Pedro de Araújo Lima. Esses comissários "se encarregavam das despesas para encontro de contas no fim do ano":[12] Manoel de Araújo Lima registrou: gastou nos "5 anos 7 meses e 3 dias" 799#515 réis. Mesmo depois de partir para Lisboa, era Gonçalves Pereira quem fazia a assistência de Pedro. Pelo menos entre 10 de abril de 1813 e 1 de janeiro de 1817, ele mobilizou parte dos comerciantes portugueses na intenção de fazer chegar,

11 Instituto Histórico e Geográfico Brasileiro (IHGB). Coleção Marquês de Olinda. Lata 211 Pasta 4. *Papéis referentes à vida de Pedro de Araújo Lima – Anotações do seu pai Manoel de Araújo Lima.*

12 PORTO. *O Marquês de Olinda e o seu tempo*, p. 29.

ao filho do senhor de engenho, a quantidade de dinheiro necessária à manutenção dos estudos. Nesse caso, o auxílio resultava, nesses "3 anos 8 meses e 1 dia" em 2:412#983 réis. Não era todo mundo que possuía esses valores para investir nos filhos. Pedro de Araújo Lima deve ter aprendido muito mais que as aulas de ler e escrever no Recife. Conheceu as formas de comerciar e entender a realidade da venda do açúcar e do tráfico de cativos em Pernambuco. E o negócio com cativos ia bem nessa época: a estimativa de Domingues da Silva e Eltis é que em 1810 entraram 10.661 pessoas; em 1815, 8.460; em 1820, 10.114.[13]

Como registrou Manoel de Araújo Lima, no dia 10 de abril de 1813, embarcou Pedro para Lisboa no navio *Amizade*. Pedro de Araújo Lima estava com "19 anos 3 meses e 20 dias". Disse: "gastei com Pedro no embarque quando foi para Coimbra em até o dia 10 de abril de 1813 – 322#420".[14] Se observarmos há uma imprecisão quanto às cidades de Lisboa ou Coimbra. Talvez, tenha saído de Recife para Lisboa e, de lá, foi para Coimbra, posto que "entrou na novercidade [sic] de Coimbra aonde foi matriculado no dia 29 de 8brº de 1813". Todos esses anos, meses e dias aqui descritos, são registros paternos. Parece que era importante para o senhor do Engenho Antas marcar o tempo, a idade e os gastos.

Em Portugal, Pedro de Araújo Lima não se afastou de José Gonçalves Pereira. Através do genro, os valores enviados ao filho de Manoel de Araújo Lima chegavam no além-mar. Era muito açúcar e doce a partir do Recife. Em 10 de fevereiro de 1814, mandava através de Gonçalves Pereira, 18 caixas de açúcar de arroba a 2#000 cada (36#000); no mesmo dia, 50 caixas de doce

13 DOMINGUES DA SILVA; ELTIS. The slave trade to Pernambuco, p. 129.

14 IHGB. Coleção Marquês de Olinda. Lata 211 Pasta 4. *Papéis referentes à vida de Pedro de Araújo Lima – Anotações do seu pai Manoel de Araújo Lima.*

de goiaba a 400 (20#000), mais 8 caixas de doces de confeito, mais uma pelo doce de ananás, mais duas redes pintadas, donde cada rede a 5#000 (10#000). Não falava no valor do confeito e do doce de ananás. Aos 4 de maio de 1815 mandava 16 caixas de açúcar a 2#560 (40#000), e ainda 51 caixões de doces de goiaba com peso de 6 arrobas, pondo a arroba a 3#200 (19#200). Em 10 de fevereiro de 1817 iam 30 caixas de açúcar com peso de 16 arrobas, com a arroba a 1600 (25#600). Em abril de 1817 mais açúcar era enviado.

Tudo isso deveria converter-se em dinheiro para cobrir as despesas de Pedro de Araújo Lima. As quantidades de doces chegam a ser exageradas: são centenas de caixas. Mesmo que o receptor distribuísse doce entre alguns professores, deveria existir mais finalidades nessa matéria. Marcus Carvalho mostrou que "não era somente no Brasil que se armavam navios para o tráfico em direção a Pernambuco. Houve casos de navios preparados para esse fim em Portugal".[15] Além do mais: "as expedições negreiras nem sempre eram monopólio de um ou dois investidores, porém sociedades mais amplas que reuniam membros grandes e pequenos".[16] E um dos itens de troca típicos nas exportações brasileiras para Angola, desde o XVIII, era doces.[17] Não seria estranho pensarmos que Manoel de Araújo Lima utilizava o filho, em Portugal, através de Gonçalves Pereira, para investir no tráfico. Assim, o valor dos doces enviados era multiplicado nas mãos dos traficantes. Doce e açúcar fariam a educação e a riqueza da elite escravocrata brasileira no século XIX. Assim não

15 CARVALHO. *Liberdade*, p. 123.

16 REIS; GOMES; CARVALHO. *O Alufá Rufino*, p. 170.

17 *Idem*, p. 169.

é difícil pensar em Pedro de Araújo Lima como quem fez vistas grossas ao tráfico, no Brasil, na década de 1830.

Em Portugal, quem mais estaria com Pedro de Araújo Lima seria Joaquim Elias Xavier: um traficante de gente que comerciava entre Pernambuco, Portugal e África. Aos 4 de dezembro de 1814, Pedro dizia a Xavier: "achei um segundo pai".[18] As despesas todas eram pagas, em contas gigantescas, por Manoel de Araújo Lima, através de José Gonçalves Pereira. Em 9 de outubro de 1813, o estudante agradecia por meias a Xavier e acrescentava: "queira perdoar estes incômodos pois bem sabe que não tenho outro a quem incomode." As matrículas e muitos livros eram requisitados a Xavier, por isso "desejo que tenha a bondade de me mandar dar mais trinta mil réis para as ditas despesas".[19]

Os livros sempre foram importantes para Araújo Lima. Aos 13 de dezembro de 1813, estudante em Coimbra, informava: "sei que já saiu aí o Dicionário de Moraes, que tinha encomendado a Vossa Mercê para fazer-me este obséquio; pois são livros de que muito necessito, e não se acham nesta Universidade".[20] A primeiro de janeiro de 1814 reivindicava mais obras: "Tinha enviado dentro da carta um papel com os títulos dos tais livros em francês, os quais são = Direito Natural de Felice e Direito Natural de Perró". E juntava mais títulos: "Agora por conhecer

---

18 IHGB. Coleção Marquês de Olinda. Lata 214 Pasta 15. *Conta geral das despesas, que por ordem do Senhor José Gonçalves Pereira de Pernambuco tenho feito com seu cunhado o sr. Pedro de Araújo Lima.*

19 IHGB. Coleção Marquês de Olinda. Lata 214 Pasta 15. *Conta geral das despesas, que por ordem do Senhor José Gonçalves Pereira de Pernambuco tenho feito com seu cunhado o sr. Pedro de Araújo Lima.*

20 IHGB. Coleção Marquês de Olinda. Lata 214 Pasta 15. *Conta geral das despesas, que por ordem do Senhor José Gonçalves Pereira de Pernambuco tenho feito com seu cunhado o sr. Pedro de Araújo Lima.*

cada vez mais os obséquios que Vossa Mercê me faz, afoito-me a pedir mais Direito Natural de Puffendorf." Advertia: "Felice há em francês e em italiano, se vossa mercê puder descobrir em francês, muito, e muito melhor será". Fechava as indicações: "A respeito de Puffendorf há várias obras: a que eu quero é sua obra de Direito Natural aumentada por Monsieur Barbeirace, a qual se acha em francês. Perró também está em francês".

A fama de estudioso é confirmada com as indicações e preocupações com as leituras, para se sair bem nas provas. Araújo Lima era estudioso do Direito; jurista culto em formação. Talvez, nisso, se confirme o dito por Cascudo: "Araújo Lima era um aluno a sério. Teimoso. Obstinado. Destes que estudam com os pés n'água fria num afugentamento do sono".[21]

Em 7 de outubro de 1814 solicitava mais livros: "como é chegado o tempo do meu trabalho, que não se pode fazer sem instrumentos próprios, rogo-lhe a compra não de todos os livros, porém sim dos que me são por ora mais indispensáveis". Pedia: "Sciencia da Legislação por Filangier e Espirito das Leis com as Cartas Persanas por Montesquieu", além de "procurar a Obra de Burlamaqui notada por Felice". Mais: "a respeito de Condiliac como se espera preço menor, esperarei".[22] Araújo Lima tinha outra preocupação: a edição dos livros e a qualidade do papel, lembrando: "pedindo-lhe queira tomar o incômodo procurar as melhores edições, e bom papel, não embaraçando-se

21 CASCUDO. *O Marquez de Olinda e seu tempo*, p. 40.

22 IHGB. Coleção Marquês de Olinda. Lata 214 Pasta 15. *Conta geral das despesas, que por ordem do Senhor José Gonçalves Pereira de Pernambuco tenho feito com seu cunhado o sr. Pedro de Araújo Lima.*

com o ser ou não encadernados".[23] Além do mais, as pessoas de Pernambuco sabiam do seu interesse livresco: recebia cartas de padres pedindo livros.

Os livros eram caros. Os "Dicionários de Moraes" custaram 9#600, além do estafeta que os levaria (#720), e do ágio, resultava: 10#432. O "Direito Natural" de Puffendorf era 6#000 e o de Perreau, que Araújo Lima grafou Perró, 1#920. A obra de Filangier entrava por 6#400, a de Montesquieu a 4#200, com o ágio e o estafeta, 11#362. Não era simples e barato manter um estudante em Coimbra. Além de livros, era necessário custear meias de seda de ponto de sarja (3#700) e pano para encapar os livros (#960). A transformação do açúcar em metal também custava bastante. Muitos jovens cruzaram o Atlântico. Nem todos findaram o curso. Retornaram ao Brasil com fama de diplomados, mas não possuíam papel. Araújo Lima fez-se doutor em Coimbra beneficiado pelo açúcar paterno e pela amizade com os comerciantes de escravizados.

Com o que gastou Araújo Lima em Portugal? Precisava ter casa onde morar, roupa, livros e proteção. A própria vida universitária demandava alto custo. Um item curioso nas relações de gastos do senhor do Engenho Antas é o "Rol das propinas pagas no capelo do senhor doutor Pedro de Araújo Lima".[24] Não confundamos a palavra "propina" com o sentido dado nos dias de hoje, no Brasil. Raphael Bluteau indicou em 1728: "parece, que se deriva do verbo latino, *Propinare*, que val[e] o mesmo que Brindar a saúde

23 IHGB. Coleção Marquês de Olinda. Lata 214 Pasta 15. *Conta geral das despesas, que por ordem do Senhor José Gonçalves Pereira de Pernambuco tenho feito com seu cunhado o sr. Pedro de Araújo Lima.*

24 IHGB. Coleção Marquês de Olinda. Lata 214 Pasta 15. *Conta geral das despesas, que por ordem do Senhor José Gonçalves Pereira de Pernambuco tenho feito com seu cunhado o sr. Pedro de Araújo Lima.*

de alguém." Naquele momento dava-se a propina em dinheiro, varas de pano, ou "outras coisas usuais". Acrescentou: "Em Portugal se dão propinas aos oficiais da Casa Real, aos Tribunais, ao Reitor, Cancelario, Lentes, Licenciados, Bedéis, & c. da Universidade".[25] Moraes Silva, em 1789, resumiu o texto de Bluteau em poucas linhas: "É presente, ou dom em dinheiro, pano, ou peça, que se dá a alguns oficiais, Ministros, Lentes por assistência, ou trabalho; v.g. *os doutorandos dão a cada doutor 1600 réis de* propina; *um tanto aos bedéis, & c*".[26] Ou seja: era um "presente" dado a quem serviu e ajudou o aluno nos anos de estudos. Segundo Jacques Le Goff, tratando das despesas universitárias em Pádua no século XV: mais que doação, a propina era obrigação.[27] Essa tradição medieval passou à universidade portuguesa.

Agora que compreendemos as propinas, precisamos falar do "capelo". Moraes Silva indicou: "Insígnia de Doutor, que eles lançam ao colo, e cobre parte dos peitos, em ações, e funções acadêmicas."[28] Então as "propinas pagas no capelo" seriam os gastos realizados no ato dos exames e tomada do título de Doutor de Pedro de Araújo Lima em Coimbra.

Era dinheiro sobre dinheiro, cifra em cifra, contos e contos. Só 98#470 foram gastos com papel branco, papel inglês, imprensa, papel imperial, selim para as teses, preparo para bordadura de duas teses, encadernações das teses originais, dentre ou-

25 BLUTEAU, Raphael. *Vocabulario portuguez & latino*, p. 781. Acessado em: http://dicionarios.bbm.usp.br/dicionario/edicao/1. Itálicos no original.

26 SILVA, Antonio Moraes. *Diccionario da lingua portugueza*, p. 515. Acessado em: http://dicionarios.bbm.usp.br/dicionario/edicao/2. Itálicos no original.

27 LE GOFF, Jacques. *Para uma outra Idade Média*, p. 187-188.

28 SILVA, Antonio Moraes. *Diccionario da lingua portugueza*, p. 341. Acessado em: http://dicionarios.bbm.usp.br/dicionario/edicao/2.

tras despesas. As propinas de conclusões foram 38#920, além da do exame: 67#020. No entanto, se gastaria muito mais: Doutores em Teologia (40 - 64000), Doutores em Cânones (31 - 49600), Doutores em Leis (29 - 46400), Doutores em Medicina (17 - 27200), Doutores em Matemática (13 - 20800) e Doutores em Filosofia (12 - 19200). Recebiam dinheiro, dentre outros: lentes, prelado (3200), cancelário (3200), presidente (3200), secretário (3400), conservador (1200), pajem do prelado (1600), moço da borla (2400), 6 bedéis (a 1000, 6000), tesoureiro da capela (1600), missa e capelães (840), tesoureiro da fazenda (800), secretário da diretoria (1600), secretário da fazenda (1600), 2 lentes de música (a 800, 1600), guarda-mor (900), meirinho (900), cadeiras (2, 240), ramos (400), relojoeiro (4000, sineiro (240), confraria da Senhora da Luz (2000), fábrica (2000), armação (900), luvas (2000), arca da universidade (6000), arca da faculdade (4000), 2 guardas do pátio (a 300, 600), 2 moços fidalgos de Santa Cruz (a 300, 600), música (7200), diretor da faculdade (2500). Ainda havia os porteiros e guardas (da secretaria, diretoria, fazenda, museu, ajudante do museu, da física - cada um a 300 - dentre outros); os oficiais da fazenda (10, cada um a 800), oficiais da Diretoria (6, a 800); oficiais da secretaria (4, a 800). Como se não bastasse tanto dinheiro, ainda havia as propinas de tostão e as "propinas gratuitas que se costuma dar aos contínuos e guardas e aos cinco moços da capela a 240 a cada um 5200".[29] Se aquelas propinas eram "gratuitas", todas as outras eram obrigatórias, e mesmo as "gratuitas" estavam acopladas ao costume: deveriam ser pagas.

---

29 IHGB. Coleção Marquês de Olinda. Lata 211 Pasta 4. *Papéis referentes à vida de Pedro de Araújo Lima - Anotações do seu pai Manoel de Araújo Lima.*

É importante, nesse momento, pensarmos: uma formatura mobilizava sem número de gente e dinheiro, fazendo mover e reatar, além de fortificar, as mais diversas relações entre os sujeitos formandos, seus parentes e os elos mercantis de favores entre eles. Também movimentava a economia. Todo mundo recebia seu naco: do carpinteiro, passando pelo pedreiro e pelos doutores, ao diretor. Mesmo que os pagamentos fossem obrigatórios, os laços de força e elos tornavam-se muito estreitos.

De doutor a político: as tramas enraizadas no tráfico de gente e na combinação do jogo

Manoel de Araújo Lima mobilizou agentes para formar Pedro. A maioria dos sujeitos era comerciante, traficante de escravizados que transitava entre Recife, Rio de Janeiro, Portugal e África. O projeto de tornar o filho Doutor em Cânones foi eficiente. O pai registrou que Pedro de Araújo Lima embarcou aos 11 de dezembro de 1819, retornando ao Brasil. O navio chegou ao Rio de Janeiro a 5 de fevereiro de 1820, "no tempo que estava no Rio o Senhor D. João Sexto nosso Rei Senhor".[30] Manoel de Araújo Lima marcou o tempo de D. João VI presente no Rio de Janeiro naquelas páginas manuscritas. Entre os números de contas seguidas de cronologia, talvez, a intenção fosse unir a memória política ao relato do filho como sujeito daquele mundo estreito das relações forjadas nos corredores dos palácios e no sangue dos cativos.

Do Rio de Janeiro para Pernambuco, embarcou Pedro de Araújo Lima aos 2 de agosto de 1820. Chegou ao Engenho Antas

30 IHGB. Coleção Marquês de Olinda. Lata 211 Pasta 4. *Papéis referentes à vida de Pedro de Araújo Lima – Anotações do seu pai Manoel de Araújo Lima.*

no dia 17. Logo seria nomeado ouvidor para Minas Gerais, Vila de Paracatu; contudo, não assumiu.[31] A partir daí, Pedro de Araújo Lima ascenderia rapidamente na carreira política. No ano seguinte, foi para as Cortes de Lisboa.

Em 7 de junho de 1821 ocorreu a eleição dos deputados às Cortes, em Olinda. Os eleitos foram, segundo Manuel Carvalho: Pedro de Araújo Lima, Domingos Malaquias de Aguiar Pires Ferreira, Inácio Pinto de Almeida e Castro, Manoel Zeferino dos Santos, Felix José Tavares de Lira e Francisco Muniz Tavares.[32] Quando da eleição, Pedro de Araújo Lima estava no Recife. Deve ter se mobilizado junto ao traficante Bento José da Costa e a outros comerciantes da cidade para conseguir vaga dentre os Deputados. Os sujeitos aproximados do comércio de Manoel de Araújo Lima - Gonçalves Pereira e Bento José da Costa - devem ter ficado bastante atentos ao seu representante das Cortes de Lisboa. E no dia 14 de junho, Pedro retornava ao Engenho Antas, talvez para conseguir dinheiro com o pai, e voltava ao Recife em 22 de junho.[33]

Era 8 de julho de 1821 quando os deputados pernambucanos partiram para Portugal. Às 9 horas da manhã a fragata *Ativa* saiu do porto. "[...] o Ilustríssimo Excelentíssimo Senhor General os foi levar na sua galeota até o forte do mar e daí passaram para uma alvarenga que os foi levar ao bordo da embarca-

---

31 IHGB. Coleção Marquês de Olinda. Lata 211 Pasta 4. *Papéis referentes à vida de Pedro de Araújo Lima – Anotações do seu pai Manoel de Araújo Lima.*

32 IHGB. Coleção Marquês de Olinda. Lata 211 Pasta 4. *Papéis referentes à vida de Pedro de Araújo Lima – Anotações do seu pai Manoel de Araújo Lima.* Entretanto, existe a lista de: CARVALHO. *Os Deputados Brasileiros nas Cortes Gerais de 1821*, p. 92.

33 IHGB. Coleção Marquês de Olinda. Lata 211 Pasta 4. *Papéis referentes à vida de Pedro de Araújo Lima – Anotações do seu pai Manoel de Araújo Lima.*

ção." A Fortaleza do Brum fez salva. "Teve grande acompanhamento de gente tantas grandes como das pequenas com muitos vivas", como informou Manoel de Araújo Lima. Era momento importantíssimo para os pernambucanos.

Pedro de Araújo Lima chegou a Lisboa em 25 de agosto de 1821. No dia 29, ocupou a cadeira nas Cortes: "foram os primeiros deputados que chegaram do Brasil em Lisboa".[34] Aos poucos, os outros assentos brasileiros iam sendo preenchidos. E, assim, os anos entre 1821 e 1822 colocaram Pedro de Araújo Lima em contato direto com a política. Os primeiros e poucos discursos foram pronunciados lá, no mesmo lugar em que conviveu com Lino Coutinho, Vergueiro, Diogo Antonio Feijó, José Martiniano de Alencar, Antonio Carlos de Andrada, Silva Bueno e outros nomes de importância para a política do Brasil Império.

Com o processo de independência agravando as relações entre Portugal e Brasil, os brasileiros que ainda lá estavam, foram deixando as terras lusitanas. Em 21 de fevereiro de 1823, Pedro de Araújo Lima embarcou rumo a Inglaterra. Aos 30 de abril do mesmo ano chegava no Rio de Janeiro e apresentava-se a Pedro I. Sendo eleito deputado à Constituinte brasileira, foi admitido na assembleia aos 2 de maio de 1823.[35] Como nas Cortes de Lisboa, falou pouco. Entretanto, deixou marcas nas discussões. Na sessão de 24 de setembro de 1823, disse não achar necessária a inclusão da palavra "cidadão" ao lado de brasileiros, "porque tais considero a todos os que pertencem a nossa sociedade". Assim, "quando se diz Brasileiro, Inglês, Francês, em

34 IHGB. Coleção Marquês de Olinda. Lata 211 Pasta 4. *Papéis referentes à vida de Pedro de Araújo Lima – Anotações do seu pai Manoel de Araújo Lima.*

35 IHGB. Coleção Marquês de Olinda. Lata 211 Pasta 4. *Papéis referentes à vida de Pedro de Araújo Lima – Anotações do seu pai Manoel de Araújo Lima.*

sentido jurídico; não quer marcar com isso o lugar de nascimento, nem o lugar da habitação, mas sim a sociedade de que se é Membro". Para ele, todo aquele que se naturalizava era cidadão. E advertia: "é verdade que nem todos tem igual habilidade para desempenharem os Ofícios da sociedade, porque a natureza não deu a todos iguais talentos".[36] Araújo Lima dava aos seus aliados comerciantes de carne humana, de origem portuguesa, o direito de continuarem com os status de brasileiros, já que faziam parte da sociedade brasileira.

Na sessão de 25 de junho de 1823 Pedro de Araújo Lima defendeu os portugueses. Colocando-se como "nascido entre Brasileiros, filho de Brasileiros, Brasileiro eu mesmo",[37] dizia: "Aqueles, que mudada a forma de governo, continuam a residir no mesmo país sem lhe fazer oposição, pelo contrário procuram a proteção das leis, tem dado por isso toda a prova, de que querem continuar a ser membros da mesma família".[38] E ainda mais: "Portanto não só são cidadãos os naturais de Portugal residentes no Brasil no tempo da declaração da sua independência, mas também estão em exercício de seus direitos".[39] E para deixar ainda mais clara a sua posição, dizia: "[...] os naturais de Portugal residentes no Brasil, são cidadãos Brasileiros, eles não podem ser privados deste direito se não por crime, e por uma sentença

---

36 *Diário da Assembleia Geral Constituinte e Legislativa do Império do Brasil*, p. 105-106.

37 *Diário da Assembleia Geral Constituinte e Legislativa do Império do Brasil*, p. 288.

38 *Diário da Assembleia Geral Constituinte e Legislativa do Império do Brasil*, p. 289.

39 *Diário da Assembleia Geral Constituinte e Legislativa do Império do Brasil*, p. 291.

que o declare [...]".[40] Era assim, com defesas no parlamento, que Araújo Lima pagava as dívidas com os traficantes portugueses, que o ajudavam na imensa malha de transformar açúcar em dinheiro e escravizados.

Aos 12 de novembro de 1823, Pedro I dissolveu a Assembleia Geral Constituinte e Legislativa.[41] E, logo depois, no dia 14, Pedro de Araújo Lima assumiu a pasta ministerial do Império. Pedindo retirada, foi substituído no dia 17.[42] O clima era de desconfiança com o Imperador. Juntar-se a ele, naquele momento, poderia ser um passo errado na trajetória política de Pedro de Araújo Lima, então com 30 anos. Colocou para o Imperador ser inexperiente, moço e que "desconhecia a engrenagem administrativa".[43] Entretanto, ser lembrado e assumir a pasta demonstrava que os laços atados pelos nós da ampla teia dos Araújo Lima chegavam até Pedro I. Havia forte coalisão de gente nos elos forjados em Araújo Lima: ele respondia por um grupo.

Em abril de 1824, Pedro de Araújo Lima partia para a Europa. Deixava o Brasil em momento de convulsão política, com o Imperador dizendo que a Assembleia Constituinte havia "perjurado ao tão solene juramento, que prestou à Nação, de defender a integridade do Império, sua Independência e a Minha dinastia", dissolvendo este grupo e convocando outro, ainda em 1823.[44] D. Pedro I outorgou a constituição brasileira em 1824, incluindo nela o "poder moderador", exercido pelo Imperador. Em

---

40 *Diário da Assembleia Geral Constituinte e Legislativa do Império do Brasil*, p. 292.

41 JAVARI. *Organizações e Programas Ministeriais*, p. 10.

42 *Idem*, p. 9.

43 CASCUDO. *Op. Cit.*, p. 84.

44 JAVARI. *Op. Cit.*, p. 10.

uma coisa a nova constituição irmanava com as ideias de Pedro de Araújo Lima: os portugueses aderentes à causa do Brasil, na independência, seriam considerados brasileiros.[45] Não custa nada lembrar: quando estourou, em Pernambuco, a Confederação do Equador (1824), Araújo Lima não estava em sua terra natal. Ao que parece, até fugiu naquele momento de instabilidade.

"Achará entre os livros o que há de melhor sobre cada um dos ramos que compõem a ciência do governo"

Os diários de Pedro de Araújo Lima, para esse tempo na Europa, estão acondicionados no IHGB. Além da péssima letra com que o político redigia os borrões, o tempo também foi cruel com o papel. A tinta furou o documento em diversas partes: as folhas quebradiças são quase impossíveis de leitura ao investigador que precise recorrer àquele texto. Porém, conseguimos entender algumas preferências do político pernambucano quando lemos fragmentos do testemunho. Em Lyon, encontrou "boa livraria pública", e acrescentou: "aonde está um exemplar do padre-nosso em 150 línguas. Obra mandada fazer por Napoleão, para oferecer ao papa que o sagrou". Em Marseille, também observou a livraria, ou, biblioteca, como dizemos hoje: "livraria de 50# volumes", donde o "bibliotecário é uma estúpida criatura [...]". Já em Nápoles, foi ver o sangue de São Januário "que se acha em uma garrafinha." O famoso "milagre de S. Januário" se repete até hoje: o sangue da "garrafinha" se liquefaz no dia da celebração do natalício do canonizado. Em Roma, notou: "Sendo esta cidade notável pelos objetos que encerra [...] nela se veneram muitas relíquias, entre outros,

45 GRINBERG. Constituição, p. 170-171.

o pano em que foi imerso o corpo de N.S.J.C [...]".[46] Desta feita, percebemos: Araújo Lima caminhava procurando bibliotecas, livros, relíquias, coisas, que parece, eram do seu maior interesse. Junto a isso, os monumentos públicos e os lugares santos foram por ele visitados e anotados. O caderno é um breve diário de campo, descrevendo as igrejas e lugares por onde passou.

Da Europa, Araújo Lima escrevia aos seus amigos que permaneciam no Brasil. Um dos missivistas mais requeridos era Manoel Zeferino dos Santos. O leitor deve lembrar que ele fez parte do grupo que foi – através de Pernambuco – para as Cortes de Lisboa em 1821. Muita gente se juntou nas Cortes. E não precisava ser da bancada pernambucana. Tantos elos que seriam desenvolvidos durante a política brasileira oitocentista nasceram ou cresceram no ambiente de Lisboa. Um exemplo é a proximidade existente entre Pedro e Manoel Zeferino.

Como nos mostrou Cabral de Souza, Zeferino era Terceiro Vereador, ou vereador mais novo, da Câmara do Recife, em 1804. Nascido em 1770, no Recife, estudou geometria por volta de 1788. Foi deputado geral, primeiro inspetor da alfândega de Pernambuco e presidente da mesma província entre outubro de 1832, quando saiu a carta de nomeação, assumindo em 14 de novembro, e permanecendo no cargo até 30 de setembro de 1833. Ainda foi deputado provincial entre 1835 e 1837.[47] Deve ter conhecido os parentes de Araújo Lima que comerciavam no Recife; e, assim, os laços iam se estreitando, não apenas pelas Cortes de Lisboa, mas, pela vida comum que levavam no lugar

46 IHGB. Coleção Marquês de Olinda. Lata 210 Pasta 50. *Diário de Viagem (1825-1826)*. Refizemos a pontuação: a original é quase ilegível. "N.S.J.C" é a abreviação de "Nosso Senhor Jesus Cristo".

47 SOUZA. *Elites e Exercício de Poder no Brasil Colonial*, p. 764-765.

de origem. O mais certo é: em 1829, Manoel Zeferino, Bento José da Costa e Manoel de Araújo Lima possuíam a mesma função: eram juízes na capital pernambucana.[48]

Não foi apenas a política que uniu Manoel Zeferino e Pedro: os livros faziam parte dos favores entrelaçados com a criação dos filhos do primeiro. Em abril de 1824, Zeferino escrevia carta para a França falando do filho José Faustino dos Santos; e pedia encomendas, para as quais, receberia dinheiro através do Sr. Martin Laffitte. As indicações das compras são tão curiosas que deixaremos quem lê saber de algumas: "um prato de vidro para uma pequena máquina elétrica [...]", "um relógio de ouro, que custe até oitenta mil réis", "o manual de eletricidade", "os melhores, e mais modernos publicistas, e economistas políticos, que tem aparecido"; mas, "adverte-se que não devem vir Montesquieu".[49] Ou seja: Zeferino confiava na experiência e leitura do amigo, que era bom leitor, para mandar-lhe o que havia de melhor na Europa, sendo estudado, sobre política. Deveria conhecer os livros de Montesquieu, tanto as "Cartas Persas" como "O Espírito das Leis", obras pedidas por Pedro quando estudante em Coimbra. Araújo Lima respondeu a missiva enviando as encomendas: "achará entre os livros o que há de melhor sobre cada um dos ramos que compõem a ciência do governo".[50]

Pedro de Araújo Lima era um aficionado por livros. Os amigos encomendavam, a ele, esses itens, por saberem do seu apreço. Em 1843, J. J. Young enviava missiva sobre encaderna-

48 *Diario de Pernambuco*. Recife, n° 54, 9 de março de 1829.

49 IHGB. Coleção Marquês de Olinda. DL 211. 13. *Carta de Manoel Zeferino dos Santos para Martin Lafitte*. Rio de Janeiro, 16 de abril de 1824.

50 IHGB. Coleção Marquês de Olinda. Lata 210 Documento 26. *Carta de Pedro de Araújo Lima para Manoel Zeferino dos Santos*. Paris, 1824.

ções de obras. Comentava como as francesas eram atacadas por bichos e as inglesas estavam "livres desta peste".[51] Como a organização do arquivo que acondiciona a documentação de Pedro de Araújo Lima no IHGB, junta, em pastas, matérias diversas, não temos como saber se as folhas de catálogos de editoras francesas, arquivadas junto à carta de Young, são partes de um mesmo documento. Entretanto, parece que não. Algumas páginas são, presumíveis, da década de 1850. Talvez, Araújo Lima tivesse correspondentes na Europa que fizessem, para ele, transações de envios de volumes.

Pedro de Araújo Lima se interessava por tudo. Autores eram variados: Descartes, Fleury, Flavius Joseph, Platão (República), Heródoto, Tucídides, Xenofonte, Políbio, Robertson, Guicciardini, Machiavelli, Santo Ambrósio, Tertuliano, Santo Agostinho, São Bernardo, Lamartine. De Santo Agostinho, anotou, em francês: "Confissões" e "Meditações". Se interessava por "Dicionário português, ultimamente publicado por Lacerda Bispo do Porto", Obras dos Freis Francisco de S. Luis, Garção, Padre Caldas e do Bispo D. J. J. da Cunha Azeredo Coutinho. Também parecia interessado nas "História de Portugal" e "História da Inquisição", de Herculano. As "Ordenações Filipinas" faziam parte da possível biblioteca do político. Também incluía a tradução em português do "Concílio de Trento".[52]

O nome do bispo, que foi de Olinda, Azeredo Coutinho, não espanta nesse rol. Jaime Rodrigues lembrou: para o prelado, "o tráfico, provedor da mão de obra, deveria acabar gradual-

---

51 IHGB. Coleção Marquês de Olinda. Lata 211 Doc. 20. *Carta de J.J Young para Pedro de Araújo Lima.* Londres, 1 de dezembro de 1843.

52 IHGB. Coleção Marquês de Olinda. DL. 211.20. *Anotações e catálogos de livreiros europeus.*

mente, na medida em que os avanços técnicos fossem introduzidos".[53] Rodrigues ainda indica ser "a gradualidade defendida por Azeredo Coutinho [...] uma maneira de defender o tráfico dos ataques que vinha sofrendo".[54] Para um político que estava imerso na malha do tráfico, nada melhor do que uma boa bibliografia para justificar o seu argumento, mesmo que o texto não fosse do bispo, mas, atribuído a ele.[55]

A lista de obras possivelmente armazenadas na biblioteca de Araújo Lima é extensa. Se fez fama de estudioso, era por ter lido muito e conhecido gente que, igualmente, se interessava pela leitura. E, pelo visto, os livros aproximavam as pessoas. Zeferino deveria ser um, dentre tantos, a pedir indicações. Ao que parece, o hábito do estudo forjava o político hábil. As alianças se faziam ao sabor dos interesses políticos; entretanto, o ser político passava pelas páginas lidas, escritas, copiadas e pensadas. Araújo Lima não deveria ser qualquer um naquele mundo de tantos analfabetos. Ostentava erudição. Foi pela natureza dos estudos e trabalhos que o Instituto Histórico da França o fez Sócio Correspondente de 1ª Classe (História Geral), na década de 1830, através de convite de Eugene Garay de Monglave,[56] o colocando como uma das celebridades governamentais do Brasil.

O estreitamento de laços entre Manoel Zeferino dos Santos e Pedro de Araújo Lima se deu entre a Europa e o Brasil com a

53 RODRIGUES, Jaime. *O infame comércio*, p. 34.

54 *Idem*, p. 34.

55 Rafael de Bivar Marquese e Tamis Parron falam sobre isso: MARQUESE; PARRON. *Azeredo Coutinho*, p. 99-126.

56 IHGB. Coleção Marquês de Olinda. D.L. 215.5. *Ofício do Instituto Histórico de França. Notas biográficas de Pedro de Araújo Lima por Eugene Garay de Monglave.*

política e os livros. Em 4 de novembro de 1826, Araújo Lima chegava ao Engenho Antas depois de ter viajado entre França e Itália. Em 5 de março de 1827, partia do engenho para o Recife, levando três escravos: Noque, João José e Francisco Cozinheiro. Embarcou para o Rio de Janeiro em um brigue francês, armado em guerra, aos 26 de março de 1827, chegando no destino em 15 de abril de 1827. Estava eleito deputado geral.[57]

Considerações finais

Os elos forjados por Pedro de Araújo Lima e seus familiares nas décadas de 1810 e 1820 converteram-se, na década de 1830, na força do tráfico de escravizados mantido na ilegalidade no governo regencial do nosso personagem (1837 – 1840). As alianças entre os grupos de Pernambuco perduraram décadas. O filho do senhor de engenho, que se afeiçoara aos livros, fez-se deputado, ministro, senador e regente do Império, além de receber o título de Marquês de Olinda, aliado aos traficantes de gente. Cultivou, ao longo da sua trajetória política, uma aparente ilustração aliada ao compromisso da manutenção dos interesses do grupo ao qual representava.

57 IHGB. Coleção Marquês de Olinda. Lata 211 Pasta 4. *Papéis referentes à vida de Pedro de Araújo Lima. Anotações do seu pai Manoel de Araújo Lima.*

Referências bibliográficas

CADENA, Paulo Henrique Fontes. *O Vice Rei:* Pedro de Araújo Lima e a governança do Brasil no século XIX. Tese (Doutorado em História). Universidade Federal de Pernambuco, Recife, 2018.

CARVALHO, Manuel Emílio Gomes de. *Os Deputados Brasileiros nas Cortes Gerais de 1821*. Brasília: Senado Federal, 2003.

CARVALHO, Marcus J.M. de. *Liberdade*: rotinas e rupturas do escravismo no Recife, 1822 – 1850. 2ª ed. Recife: Editora Universitária da UFPE, 2010.

CASCUDO, Luis da Câmara. *O Marquez de Olinda e seu tempo (1793 - 1870)*. São Paulo: Companhia Editora Nacional, 1938.

DOMINGUES DA SILVA, Daniel Barros; ELTIS, David. The slave trade to Pernambuco, 1561–1851. In: ELTIS, David; RICHARDSON, David (eds.). *Extending the Frontiers*: Essays on the New Transatlantic Slave Trade Database. New Haven: Yale University Press, 2008, p. 95-129.

GRINBERG, Keila. Constituição. In: VAINFAS, Ronaldo (org.). *Dicionário do Brasil Imperial (1822-1889)*. Rio de Janeiro: Objetiva, 2008, p. 170-171.

JAVARI, Barão de. *Organizações e Programas Ministeriais*: Regime Parlamentar no Império. Brasília: Departamento de Documentação e Divulgação, 1979.

LE GOFF, Jacques. *Para uma outra Idade Média*: Tempo, trabalho e cultura no Ocidente. Petrópolis: Vozes, 2013.

MARQUESE, Rafael de Bivar; PARRON, Tamis. Azeredo Coutinho, Visconde de Araruama e a *Memória sobre o comércio de escravos* de 1838. *Revista de História*. São Paulo, Nº 152, p. 99-126, 2005.

PORTO, Costa. *O Marquês de Olinda e o seu tempo*. Belo Horizonte/São Paulo: Itatiaia/ USP, 1985.

REIS, João José; GOMES, Flávio dos Santos; CARVALHO, Marcus J.M.de. *O Alufá Rufino*: tráfico, escravidão e liberdade no Atlântico Negro (c.1822 - c.1853). São Paulo: Companhia das Letras, 2010.

RODRIGUES, Jaime. *O Infame comércio*: Propostas e experiências no final do tráfico de africanos para o Brasil. (1800 - 1850). Campinas: UNICAMP, 2000.

SOUZA, George Felix Cabral de. *Elites e exercício de poder no Brasil Colonial*: A Câmara Municipal do Recife, 1710 - 1822. Recife: EdUFPE, 2015.

TOLLENARE, L.F. de. *Notas dominicais*: Tomadas durante uma viagem em Portugal e no Brasil em 1816, 1817 e 1818. Recife: EdUFPE, 2011.

Sobre o autor

Paulo Henrique Fontes Cadena é doutor em História pela Universidade Federal de Pernambuco (UFPE). Professor da Licenciatura em História da Universidade Católica de Pernambuco (UNICAP). Atua como docente permanente no Programa de Pós-Graduação em História da UNICAP e no Programa de Pós-Graduação em História da UFPE.

Alameda nas redes sociais:
Site: www.alamedaeditorial.com.br
Facebook.com/alamedaeditorial/
Twitter.com/editoraalameda
Instagram.com/editora_alameda/

Esta obra foi impressa em São Paulo no inverno de 2022. No texto foi utilizada a fonte Minion Pro em corpo 10,5 e entrelinha de 15,5 pontos.